CINQUENTA
TONS de RACISMO

Janaína Bastos

CINQUENTA
TONS de RACISMO

Mestiçagem e polarização racial no Brasil

MATRIX

© 2023 - Janaína Bastos
Direitos em língua portuguesa para o Brasil:
Matrix Editora
www.matrixeditora.com.br
/MatrixEditora | @matrixeditora | /matrixeditora

Diretor editorial
Paulo Tadeu

Capa, projeto gráfico e diagramação
Patricia Delgado da Costa

Imagem da capa
A redenção de Cam, de Modesto Brocos, 1895

Revisão técnica
Joaci Pereira Furtado, doutor em História Social pela USP

Revisão
Silvia Parollo
Cida Medeiros

CIP-BRASIL - CATALOGAÇÃO NA PUBLICAÇÃO
SINDICATO NACIONAL DOS EDITORES DE LIVROS, RJ

Bastos, Janaína
Cinquenta tons de racismo / Janaína Bastos. - 1. ed. - São Paulo: Matrix, 2023.
128 p.; 23 cm.

ISBN 978-65-5616-342-0

1. Racismo - Brasil. 2. Brasil - Relações raciais. 3. Racismo - Brasil. 4. Identidade social. I. Título.

23-83945   CDD: 305.80981
                     CDU: 316.347(81)

Gabriela Faray Ferreira Lopes - Bibliotecária - CRB-7/6643

SUMÁRIO

Prefácio 9

Não é o que parece 13

1. A arqueologia racial brasileira 17
   - 1.1. A trama da mestiçagem 18
   - 1.2. O mestiço como sinônimo de etapa, degeneração e triunfo 36
   - 1.3. Tendências polarizantes e o *continuum* de cor 58

2. Branquitude 83
   - 2.1. Branquitude no Brasil: embranquecimento e liminaridade do "mestiço" 90
   - 2.2. O desejo de embranquecer ou o medo de enegrecer 96

3. Pardo: um lugar incerto 105
   - 3.1. Privilégio e preconceito: uma experiência ambígua 109

É o que não parece 115

Referências 119

O Brasil não é para principiantes.
Tom Jobim

PREFÁCIO

Tenho a honra de prefaciar a obra de uma autora que é não só uma profissional dedicada, mas também uma pessoa com muitos valores, com quem tenho o prazer de conviver. *Cinquenta tons de racismo: mestiçagem e polarização racial no Brasil* é uma obra que nos convida a olhar para a complexidade das relações raciais brasileiras. Este livro é uma reflexão profunda e necessária sobre o universo do mestiço no Brasil.

Admito que imediatamente me conectei com o tema do livro, pois a realidade histórica do mestiço brasileiro faz parte da minha vida, conforme relatado e explicado no texto. Como alguém de cor parda quase negra (um termo que aprendi nesta obra), encontro paralelos com as relações raciais examinadas, já que também não pertenço unicamente a nenhum grupo étnico específico.

Com base em pesquisas e análises rigorosas, advindas de sua tese de doutorado, Janaína Bastos nos convida a mergulhar nessa temática, expondo suas nuances, desafios e contradições. A fim de situar o leitor, a autora apresenta a história do Brasil como um país marcado pela miscigenação devido ao colonialismo. No entanto, a mestiçagem brasileira também é um tema que carrega desafios e questionamentos, principalmente no que diz respeito às identidades e às relações raciais.

As múltiplas dimensões dessas identidades são examinadas desde suas raízes históricas até as suas expressões contemporâneas. Ao mesmo tempo, o livro se dedica a trazer à tona as contradições que a mestiçagem brasileira enfrenta, como o racismo, a marginalização e a invisibilidade social, expondo um dos fenômenos mais marcantes desse processo histórico, que é o embranquecimento da população brasileira ao longo dos séculos como uma espécie de projeto nacional, descrevendo desde o momento em que esse processo teve início, no período colonial, com a elite portuguesa, passando pelas mudanças nos comportamentos sociais e políticos, voltados à valorização da branquitude em detrimento do africano e do indígena.

A autora explora as consequências do embranquecimento brasileiro, analisando como esse fenômeno afetou diferentes grupos sociais com o passar do tempo, culminando na discussão sobre os desafios que o Brasil enfrenta até hoje para identificar sua população de maneira justa, de forma a valorizar sua diversidade étnica.

Ao longo destas páginas, o leitor será convidado a embarcar em uma jornada fascinante pela história das relações raciais no Brasil. Leitura essencial para todos aqueles que desejam compreender a "trama racial brasileira" – como diz a autora – em todas as suas dimensões.

Roseli Gomes de Lima Costa
Mestra em Gestão Educacional

Retrato de um cavalheiro mulato, de François-Xavier Fabre.

NÃO É O QUE PARECE

Esta obra trata da relação da mestiçagem com a "branquitude" – tema que interessa a todos os brasileiros, pois a branquitude é uma forma de privilégio racial e, ao mesmo tempo, central no imaginário sobre raça em nossa sociedade. Suas consequências implicam todas as pessoas, estejam elas conscientes ou não delas.

O preconceito e a discriminação racial se mantêm presentes ao longo da história do país. São fenômenos ancorados no racismo, ideologia que postula a existência de "raças" humanas e a hierarquização entre elas. Daí a busca pela igualdade racial no Brasil, sobretudo a partir da Constituição de 1988.

Contudo, para alcançar a igualdade é indispensável analisar atentamente a especificidade que caracteriza o imaginário racial brasileiro, bem como sua maneira de operar no cotidiano por meio da branquitude. Um olhar precipitado sobre ela, às vezes a partir de contextos distintos do nosso, pode gerar interpretações equivocadas da realidade e produzir efeitos contrários aos daquela igualdade buscada.

No Brasil há uma tendência, por parte de pesquisadores, de empregar os termos "branco" e "negro" no desenvolvimento de estudos sobre as relações raciais no país. Entretanto, o pesquisador Lourenço Cardoso[1] evidencia que as teorias raciais seguem um tipo de lógica baseada na dualidade, ou seja, no emprego de uma oposição binária entre "branco" e "negro". Em outras palavras, a ação de categorizar a população em "branco" e "negro" envolve um sistema de ideias construído para organizar e lidar com a realidade que nem sempre corresponde necessariamente à experiência real, tal como ela se apresenta no cotidiano.

O pesquisador indica, por exemplo, que a produção acadêmica dos teóricos raciais, ao usar os termos "branco" e "negro", tende a reduzir à dualidade a multiplicidade das diferentes identidades e seus possíveis conflitos, de forma que uma das consequências desse modo de pensar no Brasil tem sido a invisibilização de outras identidades raciais, como ocorre em relação aos povos indígenas.

Nesse sentido, para Kabengele Munanga[2], a ideia de "raça" como referência a grupos humanos não tem nenhum sentido biológico, mas sim um significado ideológico, tratando-se, antes, de uma construção social e política que varia conforme o local e o contexto de produção. Dessa forma, as classificações raciais de branco, negro, mestiço, entre outras, não têm o mesmo significado em todos os lugares, tampouco são empregadas do mesmo modo, pois são construções sociais.

O problema racial no Brasil, portanto, envolve uma complexidade que, por questões históricas e ideológicas, tem sido reduzida à dualidade entre branco e negro. Essa generalização tende a facilitar o trabalho dos pesquisadores, mas não esclarece a compreensão da realidade como ela se apresenta em sua complexidade. Com base na perspectiva dual, consolida-se a ideia de que, em uma sociedade marcada pelo racismo, a população poderia ser dividida em brancos e negros, sendo que os brancos usufruiriam de uma experiência de privilégio denominada branquitude, restando aos negros o preconceito e a discriminação.

Porém, se quisermos compreender a sociedade brasileira, precisamos ir além desse ponto aparentemente resolvido pela dualidade e perguntar: no cotidiano, quem tende a ser visto como branco no Brasil? Quem tende a ser visto como negro? Como a percepção dessas categorias ocorre no país? Na lógica dual de branco e negro, como fica o indígena? E o pardo? Que lugar o mestiço ocupa na atualidade, a despeito de ter sido antes, equivocadamente, tomado como símbolo de igualdade racial? Como se daria a experiência da branquitude, do privilégio racial no Brasil?

Daí surge a necessidade de observar a sinuosidade das relações no contexto brasileiro, a fim de compreendê-lo, e assim ter reais condições de pensar em soluções em prol do alcance da igualdade racial. Nesse sentido, esta obra, ao investigar a especificidade que caracteriza a branquitude brasileira, reflete sobre a forma de ordenar o problema racial no país, buscando evidenciar como essa questão no Brasil envolve uma trama composta por muitos fios emaranhados, sendo muito mais complexa do que um aparente nó, supostamente formada por dois cordões: branco e negro.

O Derrubador Brasileiro, de José Ferraz de Almeida Júnior, 1879.
Acervo do Museu Nacional de Belas Artes do Rio de Janeiro.

1. A ARQUEOLOGIA RACIAL BRASILEIRA

Ao longo da história, o racismo tem se apresentado de diferentes formas, sendo dirigido contra distintos grupos de indivíduos, conforme a região, o período histórico e as relações socioeconômicas. No Brasil, quando tratamos do fenômeno, referimo-nos a um tipo de racismo que desponta na Idade Moderna – período que vai do século XV ao XVIII, quando surge e se expande o colonialismo europeu. Basicamente, o racismo moderno entende que a espécie humana seria formada por diferentes raças, sendo a branca considerada superior às demais.

Porém, é importante reconhecer que o colonialismo europeu não foi um fenômeno homogêneo, pois a dominação colonial ocorrida ao longo da Idade Moderna possui raízes em diferentes experiências europeias, as quais, embora apresentassem similaridades, eram muito diferentes entre si[3]. Isso fez com que o colonialismo europeu emergisse de forma diferente em cada domínio conquistado – tanto na América quanto na Ásia e na África –, obedecendo a processos próprios conforme o grupo de colonizadores, colonizados, fatores geográficos, culturais e socioeconômicos, de maneira que as relações raciais adquiriram contornos que variam segundo seu contexto[4]. Portanto, o colonialismo europeu contribuiu para a construção de vários imaginários raciais, os quais apresentam especificidades locais, apesar de possuírem um denominador comum: a suposta superioridade da chamada "raça branca", embora a categorização desta última também sofra variações, conforme a localidade.

1.1. A trama da mestiçagem

No Brasil, o colonialismo português teve como principais características a exploração de riquezas por meio do escravismo e a promoção de intensa mestiçagem na população, aspectos que marcaram profundamente a dinâmica das relações sociorraciais no país.

Nessa perspectiva, Sérgio Buarque de Holanda[5] destaca como significativo o fato de a colonização daquilo que viria a ser o Brasil ter sido empreendida por uma nação ibérica, sendo o território português uma zona fronteiriça entre a Europa e a África, permeada por diversas influências devido à presença de outros povos no país. Por abranger uma área de circulação, mantida sob o domínio mouro durante séculos, pode-se inferir que determinados aspectos relacionados à história de Portugal e ao *modus vivendi* característico de sua população se desenvolveram praticamente à margem do restante da Europa.

Assim, o povo português cultivaria uma espécie de propensão à mescla social com outros grupos, tendência oriunda da convivência gerada pela dominação árabe. Segundo Holanda, na cultura ibérica a nobreza não se mostrava como uma barreira intransponível, visto que a ascensão de um indivíduo a essa condição não dependia de "sangue azul", cuja ausência poderia ser suprida pela fortuna ou por feitos notáveis. Disputas e competições eram moralmente aceitas e valorizadas, passando a integrar a própria cultura. Por esse motivo, a busca por privilégios para ascender seria uma constante na sociedade portuguesa, e desse apreço pela competição e pelo individualismo adviria a fragilidade dos laços de solidariedade. O autor acrescenta que a repulsa ao trabalho braçal e a preferência pelo ócio, características da sociedade portuguesa, seriam sinais de pertencimento à nobreza, tal como ocorria na Grécia Antiga.

Nessa perspectiva, Holanda pondera que a influência de doutrinas que pregavam o livre-arbítrio na concepção católica, religião integrante do *ethos* português, corroborava a perspectiva meritocrática lusitana, pois, ao considerar o homem como responsável por seu próprio destino, incidia sobre o mérito das ações individuais.

Holanda infere que a psicologia determinante da expansão colonial lusitana envolveu a tendência aventureira do português, bem como a ambição e os esforços despendidos em busca de riquezas fáceis, recompensas imediatas e privilégios, o que impulsionou sua adaptação às condições adversas e hostis dos trópicos. Para o autor, o português buscou nas terras brasileiras "a riqueza, mas riqueza que custa ousadia, não riqueza que custa trabalho"[5: 40].

Sobre a busca lusitana de riquezas, Caio Prado Jr.[6] enfatiza que, a princípio, a exploração econômica colonial ancorou-se na extração de produtos das terras brasileiras. Depois, a agricultura mostrou-se uma atividade promissora, mais ampla e estável. O autor enfatiza que as condições inóspitas dos trópicos, combinadas às terras vastas e abundantes, atraíram aventureiros em sua maioria, que evitavam o esforço físico do trabalho braçal[a], mas antes pretendiam atuar como gerenciadores da produção agrícola, de negócios rentáveis, de forma a delegar a outros o trabalho pesado, que exige força bruta. Além disso, no século XVI, quando principiou a ocupação de seu território colonial na América, Portugal contava com uma população diminuta, ainda se recuperando da devastação causada pela peste que assolara a Europa nos séculos anteriores.

Na chegada às terras brasileiras, o pequeno contingente de portugueses se deparou com povos indígenas falantes de línguas tupis na costa do Atlântico, iniciando o choque entre mundos completamente distintos. Florestan Fernandes[7] desenvolveu vasto estudo etnológico e histórico sobre a organização social desses povos, bem como buscou compreender, sob uma perspectiva sociológica, a reação dos indígenas tupis em face da conquista colonial.

De acordo com Fernandes, a sobrevivência desses povos dependia totalmente da região que ocupavam, pois supriam suas necessidades por meio da extração direta dos recursos da natureza. Para garantir condições de subsistência, os indígenas se dividiam em pequenos grupos locais, sendo que muitos, apesar de geograficamente distantes, eram unidos por fortes laços de interdependência, emanados de alianças estabelecidas pela via do parentesco.

Para os indígenas, a questão do parentesco era fundamental, pois a distinção entre aliados e inimigos era baseada na presença ou não desses laços, sendo que qualquer indivíduo que não estivesse unido ao grupo por meio dessa relação não poderia viver junto a ele. Segundo Fernandes, as relações de parentesco eram estabelecidas quando o chefe de um lar indígena dava em casamento uma mulher de seu grupo familiar a um indivíduo, que deveria estar disposto a se submeter à autoridade do sogro.

É importante observar que essa disposição do homem indígena de se submeter ocorria pelo fato de que o casamento era necessário para sua adaptação ao grupo, pois o trabalho realizado pela mulher era crucial[b] para a sobrevivência da tribo; todas as atividades agrícolas, o preparo dos alimentos, a artesania das cerâmicas, a tessitura das redes, a produção de bebidas fermentadas, a manutenção do fogo e o abastecimento de água eram tarefas femininas, além do papel subsidiário da mulher nos rituais antropofágicos. Conforme explica João Azevedo Fernandes[8] em seu estudo sobre as mulheres indígenas na sociedade tupinambá[c], um jovem só passava a ser reconhecido socialmente como adulto por meio do casamento, que significava o acesso ao trabalho feminino que garantiria sua subsistência, fazendo com que ele deixasse de ser dependente de outros membros da comunidade – como mães e irmãs –, condição necessária para ser respeitado pelos demais. Ao receber o benefício de ter uma esposa, o homem indígena tornava-se "cunhado" da parentela dela, ficando sujeito a prestar serviços aos sogros e cunhados devido à aliança firmada com o grupo, pois na sociedade tupinambá as relações de parentesco laterais prevaleciam sobre as genealógicas.

Florestan Fernandes afirma que os portugueses tiveram contato com povos indígenas falantes de tupi praticamente em todas as regiões exploradas pelo colonialismo. Assim, para João Azevedo Fernandes, "o primeiro ato colonizador por excelência dos europeus foi o reconhecimento de que era por meio do casamento que os tupinambás estabeleciam hierarquias e relações de dependência"[8: 92], de forma que os colonizadores passaram a tomar as mulheres indígenas como "esposas", aderindo ao costume local do casamento para firmar alianças com os nativos e serem considerados amigos por eles.

Nas primeiras alianças estabelecidas com os indígenas, os lusitanos, no papel de receptores de mulheres, cumpriam o dever de retribuir aos sogros, fornecendo-lhes ferramentas e outras mercadorias. Embora nem todas as interações iniciais entre portugueses e indígenas tenham sido marcadas pela violência[9], não se pode negar sua presença no processo de dominação dos povos nativos, especialmente no que se refere à figura da mulher, visto que a violência – sobretudo sexual – contra ela constitui uma das características fundamentais das sociedades escravistas.

De acordo com João Fernandes, muitos europeus passaram a integrar as comunidades nativas, chegando inclusive a fundar seus próprios clãs, formados por suas mulheres indígenas e filhos mestiços. O autor compreende que a permanência dos filhos mestiços nesses territórios cooperou para fortalecer o domínio português, pois, ao terem muitos filhos, os colonizadores puderam tanto formar grupos de guerreiros quanto se tornar doadores de mulheres – conforme o costume do casamento indígena –, de maneira a unir-se a indígenas na condição de cunhados, sogros e genros.

Outros estrangeiros, como franceses e espanhóis, também adentraram a colônia e fundaram núcleos valendo-se do "cunhadismo", vindo a gerar muitos filhos mestiços e a cooptar nativos para a extração e o transporte de produtos. Sendo assim, a Coroa portuguesa passou a se sentir ameaçada, tendo em vista que outros povos europeus poderiam ter o domínio do território, posto que estavam firmando alianças com os indígenas, bem como fundando núcleos habitacionais de proporções consideráveis naquela época.

Darcy Ribeiro[10] indica que a Coroa portuguesa instituiu o regime de donatarias no intuito de assegurar o domínio territorial lusitano, bem como de estabelecer uma política que instaurasse a ordem na colônia. Em meados do século XVI, os primeiros governadores desembarcaram em terras brasileiras acompanhados de funcionários, soldados e, principalmente, degredados. Nesses desembarques, o autor chama a atenção para a ausência de lusitanas solteiras, evidenciando que o empreendimento da exploração atraiu, sobretudo, aventureiros para a espoliação do território dominado, desacompanhados de família ou de mulheres portuguesas. Nesse contexto, pode-se afirmar que a quase ausência de mulheres europeias foi outro fator que cooperou para a união entre os colonos portugueses e as indígenas, bem como "explica historicamente a intensidade da miscigenação no Brasil"[11: 87].

Todavia, as relações que os colonizadores mantinham com indígenas e mamelucas eram reprovadas pelos jesuítas, devido à poliginia e ao concubinato, o que levou o padre Manuel da Nóbrega, que se encontrava na Bahia em 1549, a escrever cartas à Coroa pedindo o envio de mulheres brancas à colônia – desde órfãs até meretrizes portuguesas –, na esperança de promover casamentos cristãos. Contudo, em 1551, em Pernambuco, onde também havia muitas mulheres mestiças, Nóbrega demonstrou outra postura, indicando ser desnecessário mandar mulheres brancas para essa capitania, pois as mamelucas poderiam casar com os colonos[12]. Esse posicionamento distinto do religioso mostra-se associado ao reconhecimento das mestiças de Pernambuco como cristãs, já que eram filhas de homens brancos, conforme se conclui da carta enviada por ele ao rei dom João III:

> Para as outras capitanias mande Vossa Alteza mulheres orphas, porque todas casarão. Nesta não são necessárias por agora, por haverem muitas filhas de homens brancos e de Indias da terra, as quaes todas agora casarão com a ajuda do Senhor, e si não

casavam dantes, era porque consentiam viver os homens em seus pecados livremente, e por isso não se curavam tanto de casar.[13: 92]

A partir do pedido de Nóbrega, pode-se deduzir que a inserção dos mestiços nos costumes dos colonizadores funcionaria como um mecanismo de branqueamento, tendo em vista que mulheres mestiças, filhas de portugueses com indígenas, de famílias católicas, poderiam substituir mulheres portuguesas como esposas. Contudo, as aspirações do jesuíta não foram alcançadas em relação às mulheres brancas na colônia, uma vez que poucas foram enviadas, apesar de um decreto da Coroa que concedia benefícios aos homens brancos que aceitassem se casar com elas.

Sendo assim, em 1570, os assentamentos coloniais na América portuguesa eram sólidos, pois, embora os lusitanos não representassem sequer um quarto da população desses territórios, seu contingente era robustecido por um grupo majoritariamente mestiço, composto pelos filhos dos colonos com as indígenas. Carlos A. Dias[14] afirma que alguns desses núcleos formados por portugueses foram fundamentais no arregimento de indígenas para atuarem como guerreiros ao lado dos colonizadores portugueses em disputas pelo domínio do território americano, o que incluía combater outros grupos de europeus, como holandeses e franceses, além de nativos que não aderiam às alianças com os lusitanos.

De acordo com Florestan Fernandes, no que se refere ao domínio exercido sobre os nativos, a submissão destes era necessária para a estabilidade do empreendimento colonial, sobretudo quando o interesse lusitano passou do escambo à agricultura, de forma que a captura e o escravismo indígena integravam o processo de dominação. Nesse sentido, ainda que a superioridade tecnológica dos portugueses pudesse ser compensada pela quantidade de guerreiros indígenas que habitavam o território da América, estes não conseguiram firmar uma coalizão consistente para derrotar os colonizadores, devido às rivalidades insuperáveis que se interpunham entre as diferentes etnias decorrentes do próprio sistema de parentesco. Mas a luta armada não representava a única arena dos conflitos. O choque epidemiológico, gerado pelo contato entre indígenas e colonizadores transmissores de várias doenças, contra as quais os portugueses desenvolveram resistência durante as epidemias que assolaram o Velho Mundo, foi fatal para os indígenas da América[15].

Dias evidencia ainda a significativa participação indígena e mestiça na conquista colonial. O autor aponta que as grandes expedições de caçadas aos nativos – conhecidas como "bandeiras" – eram majoritariamente formadas por indígenas, que se articulavam com os portugueses para derrotar grupos de rivais nativos. Por sua vez, os mamelucos que integravam os contingentes expedicionários eram frequentemente contados como brancos.

Portanto, o que se pretende evidenciar é que, dado o pequeno contingente de população portuguesa que chegou ao Brasil, o processo de branqueamento constituía uma possibilidade para a população mestiça, o qual não ocorria simplesmente em função das características fenotípicas, mas também a partir das alianças estabelecidas e da ascendência, como nos exemplos das mestiças de Pernambuco e dos mamelucos das bandeiras. O que não significa que esses mestiços seriam plenamente integrados pelos portugueses, mas sim reconhecer que um processo de branqueamento já se encontrava em curso, a serviço do colonialismo.

Em relação ao tráfico de escravos indígenas, ele não

se consolidou nas terras americanas ocupadas pelos portugueses. Luiz Felipe de Alencastro considera que diversos fatores cooperaram para esse declínio, tais como a inexistência de uma etnia indígena que se instituísse como fornecedora regular de escravizados, as dificuldades de estruturar uma rede mercantil para realizar o comércio de nativos entre as capitanias, a proibição do intercâmbio direto entre elas, o nomadismo das populações indígenas, sua vulnerabilidade às epidemias – sobretudo quando comparadas aos africanos –, o extermínio das comunidades nativas, as missões de evangelização, bem como o fato de o capital mercantil preferir o rentoso tráfico negreiro.

Nessa perspectiva, o tráfico de escravizados africanos para a América portuguesa passou a fazer parte de uma instituição mercantil de proporções avassaladoras. O emprego de mão de obra africana praticado em Portugal se estendeu às terras coloniais sul-americanas, promovendo um sistema escravista intrinsicamente marcado pela coerção e pela violência.

Conforme escreve Sérgio Buarque de Holanda, dada a fartura das terras no Nordeste, bastava aos portugueses replicar em grande escala o processo agrícola ensaiado no arquipélago da Madeira para lucrar no mercado externo. Nesse processo, o cativo africano tornou-se indispensável, constituindo-se como o principal motor do latifúndio, numa colonização arrasadora, que buscava extrair os maiores ganhos possíveis, à custa da ruína da terra abundante e do braço escravizado.

Contudo, o escravizado africano na colônia não era submetido apenas ao serviço braçal, mas, à semelhança das indígenas, as mulheres negras escravizadas também foram vítimas do intercurso forçado pelos senhores. Exploração que incidiu na emergência de uma gama de mestiços, que poderiam tanto ser reconhecidos pelo senhor como filhos e, portanto, familiares – ainda que com menor status –, quanto rechaçados e condenados a permanecer na subalternidade, à semelhança da condição materna. Sendo assim, o lugar ocupado pelo mestiço tendia a ser circunscrito de acordo com a vontade do senhor, embora este não raramente também fosse um mestiço, descendente das relações entre portugueses e mulheres nativas ou africanas, tais como, por exemplo, os descendentes do famoso bandeirante Fernão Dias Paes Leme, casado com Maria Garcia Betim, de ascendência indígena, assim como boa parte da nobreza da São Paulo colonial[16].

Alencastro evidencia que a América portuguesa foi abastecida principalmente por escravizados trazidos de Angola, formando um sistema lusitano de exploração que se complementava. No território colonial, os senhores tinham um temor constante de que os escravizados articulassem rebeliões, uma vez que os últimos não eram meros sujeitos passivos na ordem escravocrata, opondo-se ao sistema por meio de revoltas, fugas, formação de quilombos, sabotagens, roubos e assassinatos.

Devido à equivalência mantida entre a população escravizada e a livre durante a ordem escravocrata, somada ao aumento progressivo do primeiro contingente, Eduardo Silva e João José Reis[17] compreendem que as relações hierarquizadas típicas do escravismo não encontrariam estabilidade apenas por meio do emprego da violência e da coerção. Os autores demonstram que os senhores sabiam do risco de sabotagem que corriam em relação às plantações e, por isso, estabeleciam certos acordos com os escravizados para garantir a paz. Acordos que geravam concessões, pois eram "frutos de uma enorme negociação política por autonomia e reconhecimento social"[17: 21], já que as relações entre senhores e escravizados eram compostas por doses alternadas de negociação e conflito.

No que se refere a essas negociações, se por um lado os senhores eram os detentores do poder, por outro os dominados se valiam da criatividade, da astúcia, da manipulação e de pequenos atos de desobediência cotidiana, além das inúmeras fugas e rebeliões que ocorriam no território colonial e imperial.

Sobre as relações constituídas entre senhores e escravizados, Lígia Bellini[18], analisando as cartas de alforria na Bahia escritas de 1684 a 1707, observa o seguinte:

> Nelas [as cartas de alforria], o escravo não aparece no papel de vítima passiva, sem qualquer autonomia para viver sua vida, ou como alguém cuja obediência é mantida exclusiva ou principalmente pelo chicote. Se ele soube criar, mesmo nos estreitos limites de sua condição, espaços de invenção linguística, religiosa, musical, culinária, enganar o senhor, defender sua família, sabotar, fugir e rebelar-se, o vemos aqui também sabendo seduzir, tornar-se cúmplice dos senhores, aproveitando oportunidades e locomovendo-se taticamente no sentido de tornar a sua vida o melhor possível. Na convivência cotidiana, na micropolítica da vida diária, podemos observar escravo e senhor tendo frequentemente que negociar entre si, enfrentar-se, fazer acordos, enfim, criar espaços em que um e outro têm sua chance de exercer influência e pequenos poderes [...]. Trata-se, na realidade, de jogos singulares de poder e sedução, favorecidos por situações que muitas vezes envolvem diretamente os corpos do senhor e do escravo, como a preparação da

comida dos proprietários pelas escravas, o cuidado e a amamentação das crianças brancas pelas amas, a convivência estreita na mesma casa e até no mesmo quarto, as relações sexuais e filhos que estes protagonistas, que ocupavam lugares institucionais tão diferentes, tiveram um com o outro.[18: 74-75]

Nesse contexto, no qual o escravizado adentra a vida íntima do senhor, era importante, para este último, estabelecer relações que contribuíssem para sua própria segurança. E o escravizado valia-se dessa relação para conseguir sua liberdade, articulando-se num campo de relações ambivalentes, no interior das quais manifestações de afeto, cumplicidade e violência caminhavam juntas.

No terreno das negociações e concessões, destaca-se o processo da alforria. Bellini indica a importância de considerar que muitos escravizados não conseguiam juntar a quantia necessária para se tornarem forros e, por isso, dependiam quase que inteiramente da relação mantida com os seus proprietários, num jogo de boa convivência, intimidade e sedução. A autora diz que a concessão da alforria podia ser balizada, por exemplo, pelos bons serviços prestados pelo escravizado, por este estar sempre ao lado do senhor, em virtude do pedido de um familiar, podendo ainda o proprietário decidir tornar forra uma escrava com quem teve filhos ou alforriar o próprio descendente, fruto dessa relação.

Os senhores, por sua vez, também empregavam diferentes estratégias no intuito de preservar as relações de poder, como táticas que visavam dividir os escravizados. Em primeiro lugar, é necessário reconhecer que os africanos escravizados não constituíam um grupo homogêneo, pois havia entre eles rivalidades baseadas nas diferenças étnicas e religiosas, cujas divisões não eram unificadas pela experiência da escravidão.

Por outro lado, conforme escrevem Silva e Reis, mais intensas do que as rivalidades existentes entre as etnias africanas eram as inimizades destas com os "crioulos" – os pretos nascidos na América portuguesa ou no Brasil imperial. De acordo com Bellini, os escravizados africanos, por serem estrangeiros e totalmente expropriados, eram considerados mais perigosos pelos proprietários, possivelmente por serem mais propensos a se revoltar, em virtude de terem sido arrancados de sua terra natal.

Por sua vez, os escravizados nascidos na colônia ou no Império demonstravam maior identificação com o território local, maior adaptação à língua e ao regime vigente, por terem sido socializados nesse sistema, tendo, por isso, mais chance de estabelecer determinadas alianças com os senhores. Para a autora, as concessões outorgadas aos escravizados nascidos no Brasil – sobretudo aos chamados "mulatos" – explicariam em parte a baixa adesão destes às revoltas, as quais contavam com uma participação maior de africanos.

No que se refere às estratégias de divisão empregadas pelos senhores, Silva e Reis demonstram que:

> Apreciada e incentivada pelos escravocratas, a inimizade entre crioulos e africanos era muito mais profunda do que as divergências entre as diferentes nações africanas. Crioulos e africanos mantinham relações em geral diferenciadas com senhores e brancos. Os primeiros, e mais ainda os mestiços, experimentavam com maior frequência a face paternalista da escravidão, ao mesmo tempo que conheciam melhor os opressores e portanto sabiam explorar mais habilmente suas fraquezas no cotidiano. Paternalismo, bem entendido, não

> significava relações escravistas harmoniosas e
> ausência de contradição; era estratégia de controle,
> meio de dominar de forma mais sutil e eficiente,
> com menos desgaste e alguma negociação. Esse
> modelo de relações teria predominado nos Estados
> Unidos, onde, na fase madura da escravidão, a
> quase totalidade dos escravos nascera no Novo
> Mundo. Na Bahia, até as vésperas da abolição do
> tráfico, os escravos eram, na maioria, africanos.
> O modelo paternalista baiano então desenvolveu
> a especialidade de estabelecer uma hierarquia de
> privilégios entre os escravos, fundada na origem
> destes, e de atiçar as diferenças entre crioulos e
> africanos decorrentes (ou não) daí.[17: 45]

O modelo paternalista[d] de relações praticado na Bahia buscava instituir uma hierarquia entre os escravizados, baseada em sua origem, por meio do fornecimento de certas concessões aos nascidos na colônia ou no Brasil, tais como tratamento melhor, determinadas prerrogativas de trabalho, a oportunidade de constituir família e mais facilidade na obtenção de alforria.

Alencastro aponta que os senhores tratavam melhor os escravizados mestiços, principalmente os mulatos. Isso porque, no século XVII, a extensão do escravismo gerava um clima de insegurança entre os senhores e limitava a vinda de mão de obra qualificada portuguesa para o exercício de funções de confiança, de maneira que os mulatos passaram a ser recrutados para ocupá-las. Sendo assim, essa camada mestiça – escrava ou livre – exerceu papel importante na segurança territorial, ocupando com maior frequência os postos mais qualificados de atividades domésticas, de supervisão e artesanato, enquanto aos africanos era destinado o trabalho mais pesado. Alencastro afirma que, nos séculos

XVII e XVIII, os mulatos, apesar de representarem menos de 10% da população escravizada, receberam quase metade das cartas de alforria emitidas na Bahia. De modo geral, o colonialismo português configurou-se como um sistema que fornecia determinado grau de reconhecimento social a indivíduos que se adequassem à ordem colonial, sobretudo se demonstrassem lealdade à Coroa. Sobre este último aspecto, Suely Creusa Cordeiro de Almeida e Gian Carlo de Melo Silva salientam o fato de que, na América portuguesa, os sujeitos que integravam a nobreza não eram necessariamente brancos, mas possuíam um perfil que envolvia uma série de fatores, como "ascendência familiar, poder econômico e político, conquista, povoamento e defesa da colônia"[12: 65], cujo conjunto os tornava dignos de integrar tal camada social. De acordo com os autores, a prestação de serviços à Coroa funcionaria como uma "limpeza de sangue", de forma que muitos mestiços passaram a ocupar postos no governo português, o que cooperou para que uma hierarquia social marcada pela permeabilidade fosse instaurada na colônia – fundamental para a administração e a defesa do território colonial.

Andreas Hofbauer[19] resgata a surpresa dos viajantes europeus que passavam pelo país no século XIX, diante da ascensão do mestiço e das relações entre cor da pele, poder e status. Conforme a percepção dos viajantes, a ascensão social requeria a presença da liberdade, do dinheiro, de méritos pessoais e apoio social das famílias influentes, o que poderia ajudar um indivíduo a "se passar por branco", na ótica dos europeus. Pode ser que essa fluidez também guarde relação com a cultura portuguesa, no que se refere à permeabilidade admitida na aristocracia lusitana, de acordo com a referida tese de Sérgio Buarque de Holanda, segundo a qual mérito, conquistas e poder supririam a falta de linhagem fidalga. O que ganha sentido, tendo em vista o intenso processo de mestiçagem que marcou a colonização das terras brasileiras, tornando impossível o requerimento de uma suposta "pureza" portuguesa para a ocupação do lugar da brancura. Nessa perspectiva, é importante observar que a mestiçagem também fora incentivada e empregada pela Coroa como forma de povoar e manter o domínio sobre o território colonial. A esse respeito, Almeida e Silva salientam que o alvará (espécie de decreto) de 1755, assinado por dom José I, oficializava o incentivo ao casamento entre portugueses e indígenas, com vistas a povoar o norte do Brasil:

> EU EL REY. Faço saber aos que este meu Alvará de Ley virem, que considerando o quanto convém, que os meus Reaes dominios da America se povoem, e que para este fim póde concorrer muito a comunicaçaõ com os Indios, por meio de casamentos: Sou servido declarar, que os meus Vassallos deste Reino, e da America, que casarem com as Indias della, naõ ficaõ com infamia alguma, antes se faráõ dignos da minha Real atençaõ; e que nas terras, em que se estabelecerem, seráõ preferidos para aquelles lugares, e occupaçoens, que couberem na graduaçaõ das suas pessoas, e que seus filhos, e descendentes seráõ habeis, e capazes de qualquer emprego, honra, ou Dignidade, sem que necessitem de dispensa alguma, em razaõ destas alianças, em que seráõ tambem comprehendidas as que já se acharem feitas antes desta minha declaraçaõ: E outrofim prohibo, que os ditos meus Vassallos casados com Indias, ou seus descendentes, sejaõ tratados com o nome de Caboucolos, ou outro similhante, que possa ser injurioso [...] O mesmo se praticará a respeito das Portuguezas, que casarem

com Indios: e a seus filhos, e descendentes, e a todos concedo a mesma preferencia para os Officios, que houver nas terras, em que viverem; e quando suceda, que os filhos, ou descendentes desses matrimonios tenhaõ algum requemimento perante mim, me faráõ a saber esta qualidade, para em razaõ della mais particularmente os attender[20].

Esse alvará apresenta claramente o incentivo ao povoamento do território por meio da mestiçagem. Contudo, tal mestiçagem deveria ocorrer por meio de matrimônio, adequando-se às normas da Coroa. Em contrapartida, por cooperarem com os interesses coloniais, os portugueses que se casassem com indígenas, bem como seus descendentes mestiços, não seriam objeto de infâmia, mas antes seriam preferidos para ocupar os ofícios disponíveis no território, tendo inclusive os seus requerimentos atendidos pelo rei. Note-se que há um modelo a ser seguido para que essa miscigenação ocorra de forma a ser recompensada, tratando-se da união portuguesa apenas com indígenas – e não com africanos –, por meio do sacramento católico. Logo, pode-se constatar o reconhecimento social disposto aos sujeitos que se adequassem às normas do colonialismo, apesar da mestiçagem.

João Fernandes aponta para a emergência da distinção entre os mestiços nascidos dentro e fora das normas do sistema colonial no que se refere ao sacramento católico, visto que os filhos legítimos eram reconhecidos como mamelucos, enquanto os ilegítimos eram desclassificados como bastardos. Com o passar do tempo, a menção à mestiçagem do filho legítimo por meio do termo mameluco caiu em desuso, passando a ser reconhecido como branco, apesar dessa classificação social nem sempre corresponder ao fenótipo. Diante do exposto, pode-se considerar que a designação dos filhos mestiços como brancos adviria de um embranquecimento social decorrente da observância das normas da Coroa. Por conseguinte, os indivíduos nascidos de relacionamentos fora desse padrão não eram reconhecidos socialmente, tampouco tinham direitos a serem observados, visto que no século XVIII, conforme demonstra João Fernandes, uma mulher livre que fosse considerada bastarda poderia ser escravizada.

Sendo assim, a experiência de fronteira mostrava-se presente na vivência do mestiço, que poderia passar de uma zona a outra de acordo com o contexto. Fruto de relações inter-raciais, a integração ao mundo português e branco conferia ao mestiço um status de superioridade, por representar a possibilidade de usufruir de concessões e direitos, enquanto a identificação com os grupos de indígenas e africanos pressupunha um lugar subalterno na sociedade.

No colonialismo, a identidade e a posição social conferidas ao mestiço como sujeito ora integrado, ora rejeitado, variavam conforme o contexto, a situação, os envolvidos nela e os interesses políticos. Porém, essa fluidez da figura do mestiço fez com que ele se tornasse simultaneamente o pivô e a incógnita sobre os rumos da nação, como um empecilho para a entrada do Brasil no rol da europeização. Embora a emergência desse sujeito fora antes aproveitada para a consolidação do colonialismo, seu trânsito inviabilizava a instituição de categorias raciais estanques, que permitissem separar nitidamente cidadãos (humanos) de não cidadãos (não humanos), ao mesmo tempo que terminou por imprimir um sentido de impureza à categoria racial do branco no Brasil.

1.2. O mestiço como sinônimo de etapa, degeneração e triunfo

Com a Independência, em 1822, a incerteza quanto ao lugar e ao significado do mestiço tornou-se uma das principais preocupações da nação brasileira, que emergia em busca de uma identidade nacional – pretensamente pautada na superioridade europeia. Identidade que até então mostrava-se contraditória e incerta – e tão complexa quanto a do mestiço –, o que influenciaria profundamente tanto a construção do imaginário racial quanto políticas que ditariam os rumos do país.

De acordo com Munanga, no século XVIII as explicações para as hierarquias entre colonizadores e colonizados se distanciaram expressivamente do paradigma religioso, dando lugar ao surgimento de novas teorias, cada vez mais orientadas pelos pressupostos iluministas. Nesse contexto, as diferenças humanas passaram a ser analisadas a partir do conceito de raça oriundo das ciências naturais, e a emergência de teorias pseudocientíficas passou a atribuir uma superioridade à chamada "raça branca", de maneira a legitimar a dominação dos colonialismos europeus. A esse respeito, Munanga afirma:

> Assim, os indivíduos da raça "branca" foram decretados coletivamente superiores aos da raça "negra" e "amarela", em função de suas características físicas hereditárias, tais como a cor clara da pele, o formato do crânio (dolicocefalia), a forma dos lábios, do nariz, do queixo etc. que, segundo pensavam, os tornavam mais bonitos, mais inteligentes, mais honestos, mais inventivos etc. e, consequentemente, mais aptos para dirigir e dominar as outras raças, principalmente a negra, a

mais escura de todas, considerada, por isso, como a mais estúpida, mais emocional, menos honesta, menos inteligente e, portanto, a mais sujeita à escravidão e a todas as formas de dominação[2; 21-22].

Porém, à medida que a ideia de raças biológicas emerge da área da zoologia, indagações típicas desse campo migram para a explicação das diferenças humanas. Questionamentos relacionados às noções de pureza, hibridismo e evolução passaram a compor o imaginário sobre as raças humanas, gerando preocupação no meio social.

Hofbauer, por sua vez, lembra que em Portugal, antes mesmo da Independência do Brasil, circulavam discursos que compreendiam a marcante heterogeneidade da população brasileira como um problema. Em 1820, Francisco Soares Franco (1772-1844)[21], médico e filósofo, publicou em Lisboa o *Ensaio sobre os melhoramentos de Portugal e do Brazil*, tratando dos principais problemas do país e da então colônia, abordando, sobretudo, a questão da população. Franco enfatizava que a colônia seria composta por três raças, sendo que para construir um Estado forte seria necessária a homogeneidade racial. O autor propõe, ainda, caminhos para reduzir o Brasil a uma única nação por meio da diminuição do grupo preto e mestiço e do aumento das camadas branca e indígena, sugerindo que esta última passasse a ser integrada à raça branca devido à cor clara de sua epiderme. O autor termina por sugerir uma espécie de branqueamento, propondo que os legisladores instituíssem medidas que impedissem o matrimônio entre mestiços e pessoas que não fossem consideradas brancas.

De forma semelhante, no mesmo ano, em Coimbra, o marechal Antônio d'Oliva de Sousa Sequeira (1791-1865) publicou *Addição ao projecto para o estabelecimento político do reino-unido de Portugal, Brasil e Algarves*, defendendo o sonho de que o Brasil se tornasse um país branco e moderno no futuro, por meio do processo de branqueamento da população via casamento inter-racial, sugerindo ainda que essa ação poderia ser apressada mediante a outorga de prêmios aos brancos que se casassem com pretas ou indígenas. O marechal também defendia a extinção dos vocábulos que visassem classificar sujeitos como mestiços ou pertencentes a outras raças, de forma a tornar todos os habitantes do reino em portugueses, objetivando apagar os vestígios e ressentimentos do escravismo.

De acordo com Lilia Moritz Schwarcz[22], após a Independência do Brasil, o país assistiu à fundação de diferentes instituições de saber, responsáveis por escrever a história e constituir uma memória para a recém-inaugurada nação, elaborar um código legal desvinculado da metrópole lusitana e ditar os rumos do jovem país. Assim, durante o Império, emergiram os museus etnológicos, os institutos históricos e as faculdades de Direito e de Medicina – instituições cuja composição abrigava núcleos integrados por "homens de sciencia", que tomaram para si o desafio de construir um prognóstico da nova nação, a qual ansiava por se apresentar ao mundo como moderna e científica.

No mesmo sentido, Schwarcz demonstra que, a partir de 1870, na medida em que teorias como o evolucionismo e o darwinismo social penetraram a intelectualidade brasileira, a questão racial passou a ocupar um lugar central nas discussões das instituições de saber, tendo em vista que as implicações dessas ideias afetavam diretamente os planos de progresso e civilização do país. Ao defender a existência de uma hierarquia entre as chamadas "raças humanas" e condenar o cruzamento entre elas, as referidas teorias sentenciavam o fracasso de uma nação miscigenada como o Brasil, o que gerou profunda preocupação com o futuro.

A autora explica que a teoria do evolucionismo social, partindo do monogenismo[e], apontava que a evolução da humanidade se daria a partir da sucessão de estágios rumo à civilização. Na trajetória evolutiva do progresso, cada povo se encontraria numa etapa diferente, de forma que o sujeito branco seria o representante do estágio máximo de civilização e progresso, e o preto ocuparia o patamar inferior, por estar numa etapa mais primitiva de desenvolvimento. Contudo, pelo prisma do evolucionismo, o progresso seria um fator que inevitavelmente atingiria toda a humanidade, mais cedo ou mais tarde. Sendo assim, na ótica dessa teoria, o progresso demoraria a se instalar no Brasil, considerando que pretos, indígenas e mestiços compunham a maior parte da população, sem esquecer que até os considerados brancos eram fruto da mestiçagem.

O darwinismo social, por sua vez, ao partir do poligenismo[f], defendia a existência de diferentes raças humanas, as quais seriam resultantes do processo de evolução biológica, e por esse motivo estariam tão distantes entre si quanto as diferentes espécies de animais e plantas. Por conseguinte, a mistura entre raças distintas era condenada por essa teoria de cunho determinista, visto que a mestiçagem não permitiria a transmissão da evolução biológica, resultando antes numa degeneração, tanto no aspecto racial quanto no social. Portanto, o darwinismo social sustentava a valorização da homogeneidade racial, de forma que o progresso de uma nação estaria associado à sua pureza, perspectiva que forneceu as bases para a dominação das raças consideradas inferiores e até mesmo para a construção de argumentos que defendiam a eliminação destas últimas. No Brasil, tal teoria significava não apenas a condenação dos mestiços, mas danação de modo geral. Contudo, Schwarcz evidencia que os "homens de sciencia" das instituições brasileiras de saber se apropriaram de forma inusitada das teorias originais. Ora se valendo do darwinismo social, ora mesclando-o com o evolucionismo, tais cientistas fizeram uso criativo dessas teorias para seus prognósticos sobre a situação brasileira e para indicar soluções para o suposto problema do cruzamento racial. Com base nos diagnósticos pretensamente científicos, o mestiço, como impasse a ser resolvido, passou a ser visto de diferentes formas, que podem ser sintetizadas em dois tipos de posicionamento: o primeiro compreendia o mestiço como etapa rumo ao alcance do ideal branco; o segundo via o mestiço como a caricatura da destruição, como elemento degenerado cuja descendência deveria ser evitada.

Como representante da perspectiva que via o mestiço como etapa evolutiva rumo ao branqueamento, pode-se citar João Batista Lacerda (1846-1945), um dos maiores expoentes ligados ao Museu Nacional do Rio de Janeiro. Schwarcz salienta que Lacerda se dedicou a realizar pesquisas sobre as raças indígenas no Brasil, desenvolvendo estudos a partir de cérebros dessas "espécies". Lacerda, um evolucionista social, buscava identificar nos grupos indígenas mais isolados os primeiros estágios da civilização. Contudo, também se mostrava um poligenista convicto, o que demonstra que seu pensamento se encontrava ancorado em interpretações excludentes entre si.

No que se refere à questão racial brasileira, Lacerda via a raça negra como um fator de atraso e, apesar de considerar o mestiço um elemento mais fraco, atribuía-lhe superioridade intelectual em relação ao negro. Dessa forma, Lacerda defendia a mestiçagem como processo de evolução rumo ao branqueamento, que atuaria como mecanismo de depuração racial.

De forma geral, os centros de saber e seus representantes não desenvolviam seus prognósticos e propostas a partir de correntes teóricas puras, mas de mesclas de teorias, promovendo distorções que se constituíam conforme o interesse, sempre apontadas para a legitimação do alcance da superioridade racial branca. Nesse ponto, pode-se inferir que o reconhecimento da predominância mestiça no país seria uma das razões que fizeram esses intelectuais insistirem no branqueamento como solução, de maneira a não descartar totalmente o mestiço.

Por sua vez, a Faculdade de Direito de Recife também recorreu à biologia e às ciências naturais para analisar a situação do povo brasileiro, no intuito de propor uma saída para o país predominantemente mestiço. Nesse terreno, no qual a questão da raça se tornara o denominador comum para o entendimento de todos os fenômenos relacionados à nação, destaca-se a figura de Sílvio Romero (1851-1914), grande influenciador da referida escola, que via na mestiçagem o caminho para o alcance da homogeneidade racial do país.

De acordo com Munanga, Romero defendia que a mestiçagem resultaria no surgimento de um povo diferente, tipicamente brasileiro, mediante a extinção das raças não brancas. Apesar de afirmar que todo brasileiro seria um mestiço, a mestiçagem para Romero não resultaria na predominância de um tipo mulato, pois, segundo ele, no processo de seleção natural, o elemento branco tenderia a prevalecer. Portanto, o mestiço seria visto como uma etapa intermediária para o alcance de um brasileiro típico e branco, processo que seria favorecido pela prevalência da quantidade de sujeitos pertencentes à raça branca na população brasileira, devido à crescente imigração europeia, o fim do tráfico africano e o extermínio das populações indígenas. Sendo assim, de acordo com as perspectivas apresentadas, o mestiço passou a representar o sujeito da passagem, rumo à brancura, o que implicava uma relativa tolerância em relação à figura mestiça. Por outro lado, intelectuais de outras instituições, como o Museu Paulista e a Faculdade de Medicina da Bahia, compreenderam o mestiço como sinônimo de fracasso e condenação.

Schwarcz constata que o Museu Paulista baseou seus estudos em um modelo evolutivo e classificatório, também pautado nas ciências biológicas. Hermann Friedrich Albrecht von Ihering (1850-1930), alemão radicado no Brasil, diretor dessa instituição por mais de duas décadas, foi um naturalista adepto da teoria darwinista social, e chegou a defender inclusive o extermínio da etnia indígena kaingang, conforme declarações publicadas em jornais da época, valendo-se de argumentos fatalistas que advogavam que esse grupo "bárbaro" dificultaria o progresso e a civilização.

De forma semelhante, na Faculdade de Medicina da Bahia, a raça foi tema fundamental abordado a partir de viés social-darwinista, que fundamentaria a ideia de mestiçagem como sinônimo de degenerescência. Nesse contexto, destaca-se a figura do médico baiano Raimundo Nina Rodrigues (1862-1906), possivelmente o principal expoente das tentativas de adaptação das teorias europeias de degeneração ao contexto brasileiro. No pensamento de Nina Rodrigues, embora a inferioridade negra não fosse contestada, não era propriamente o negro "puro" que representaria o maior problema da nação – de acordo com as teorias evolucionistas, a raça negra seria dotada de determinado potencial –, mas sim o resultado dos sucessivos cruzamentos, sem uniformidade étnica.

Schwarcz ressalta que, no pensamento de Nina Rodrigues, o problema do negro no Brasil abrangeria todas as épocas, iniciando-se no passado com os negros africanos, depois no presente com os crioulos e mestiços, e, por fim, no futuro, na geração de uma gama de mestiços e brancos crioulos. Para Nina Rodrigues, a mestiçagem com o negro geraria um espectro de infortúnios, entre os quais se destacaria a degeneração, que dotaria o mestiço de fraqueza biológica, tornando-o mais suscetível às doenças contagiosas.

De acordo com Dain Borges[23], Nina Rodrigues passou a empregar o paradigma da degeneração no âmbito da psiquiatria e da antropologia criminal, pesquisando populações mestiças com vistas a encontrar traços natos que evidenciassem tanto sintomas de degenerescência quanto de criminalidade. A ação de apurar a degeneração a partir de traços fisionômicos coincidiu com a tendência cultural brasileira de identificar suspeitos tomando por base a fisionomia e a aparência. Borges afirma que a adaptação brasileira das teorias de degeneração passou a identificar a existência de traços de degenerescência no caráter dos indivíduos, como preguiça, parasitismo social e diversidade de mentalidades no meio tropical e primitivo.

Nina Rodrigues chegou a defender que os grupos raciais tidos como inferiores não estariam aptos a passar pelo crivo de um julgamento fundamentado em leis civilizadas, pois haveria profundas diferenças nos níveis de civilização entre as raças. Dessa forma, o médico baiano propôs a elaboração de um sistema judiciário específico para os que ele considerava "degenerados", como os negros e os mulatos.

De acordo com Schwarcz, para Nina Rodrigues e seus seguidores, o foco da medicina legal deveria se voltar para o criminoso, sendo que a identificação antropométrica das raças constituía aspecto fundamental, tendo em vista a heterogeneidade do povo brasileiro. Nessa perspectiva, a autora sintetiza assim as ideias defendidas por essa corrente:

> Era por meio da medicina legal que se comparava a especificidade da situação ou as possibilidades de "uma sciencia brasileira" que se detivesse nos casos de degeneração racial. Os exemplos de embriaguez, alienação, epilepsia, violência ou amoralidade passavam a comprovar os modelos darwinistas sociais em sua condenação do cruzamento, em seu alerta à "imperfeição da hereditariedade mista". Sinistra originalidade encontrada pelos peritos baianos, "o enfraquecimento da raça" permitia não só a exaltação de uma especificidade da pesquisa nacional, como uma identidade do grupo profissional.[22:211]

Sob a ótica do paradigma da degeneração, a mestiçagem representava um verdadeiro perigo para a nação, pois traria implicações negativas não apenas para a esfera biológica, mas também para as relações sociais. Na perspectiva da degenerescência, a mestiçagem carregaria uma condenação para o país e, portanto, toda mistura deveria ser evitada. Pode-se inferir que a rejeição à mestiçagem implicava, por conseguinte, rejeição do mestiço.

O romance O mulato[24], publicado em 1881 por Aluísio Azevedo (1857-1913), serve como alegoria da miscigenação, como um perigo para o Brasil. Considerando que a literatura brasileira pode servir de testemunho histórico[25], toma-se a referida trama como exemplo, no intuito de ilustrar o tratamento que era dado no período aos sujeitos nitidamente mestiços.

A obra, publicada às vésperas da abolição da escravatura, tem como cenário o Maranhão, província fortemente escravocrata na época. Embora a trama se desenrole em torno do dr. Raimundo – um mulato fruto do relacionamento entre um traficante de escravos e sua amante escrava –, um jovem rico formado na Europa que retorna à província para tratar de sua herança sob a guarda de seu tio, o enredo apresenta de forma detalhada vários aspectos que compunham a sociedade maranhense em meados do século XIX. É importante observar que o autor da obra se inspirou em indivíduos da vida real para compor os personagens coadjuvantes do romance[26].

No romance de Azevedo, o dr. Raimundo, apesar de sobrinho de um português chamado Manuel Pescada, é considerado bastardo pela família e pelo restante da província. Todos evitavam falar de sua origem materna, referindo-se apenas ao seu pai e ao seu tio. Ao longo do enredo, o personagem depara-se constantemente com a antipatia sutil das pessoas, o isolamento e a rejeição. Também é motivo de chacota pelas costas, sendo rotulado como aproveitador de seu tio – como se exercesse um parasitismo –, além de ser difamado como jogador e bêbado, características então associadas à degeneração. Contudo, de forma contraditória, na presença do dr. Raimundo as pessoas costumavam bajulá-lo, devido à educação e aos bens que ele detinha.

Manuel Pescada, porém, opta por negar ao dr. Raimundo a mão de sua filha em casamento^g, justificando a recusa pelo fato de o pretendente ser mestiço: caso autorizasse o matrimônio, estaria cometendo um crime, pois prometera à sogra que casaria a filha apenas com um pretendente português ou branco, de forma a não contaminar o sangue da família. Ideia que parece refletir o imaginário da degeneração.

Por sua vez, a sogra de Manuel Pescada, Maria Bárbara, é figura emblemática da atribuição de inferioridade a negros e mestiços. A personagem alertava frequentemente o genro sobre a necessidade de casar a neta com um homem branco, pertencente à mesma raça da família. No decorrer da trama, Maria Bárbara evidencia em sua fala constante admiração pelos portugueses, demonstrando certa rejeição aos brasileiros, devido à incerteza acerca da pureza racial deles, possivelmente em virtude da mestiçagem típica do país. A personagem se referia frequentemente aos mestiços de forma pejorativa, chamando-os de "cabras", ao mesmo tempo que categorizava os negros como "sujos".

Maria Bárbara também alertava constantemente sua neta para que não fosse a primeira pessoa da família a "sujar o sangue", tendo descendentes que "coçassem a orelha com o pé", o que encena a representação social do mestiço como um animal. De modo geral, os mestiços são categorizados pelos moradores da província como sujeitos "malnascidos", espertalhões, dados à malandragem, fadados às consequências de seu nascimento. Posicionamento que evidencia a concepção de que as características negativas de um indivíduo se dariam em virtude da mestiçagem "bastarda", aludindo a uma degeneração do caráter.

Manuel Pescada, por sua vez, demonstra um posicionamento caracterizado pela insegurança e pelo conflito, ao se questionar se o dr. Raimundo não seria como ele, por serem da mesma família. Manuel, embora se mostrasse a favor do escravismo, sempre atribuíra à sua sogra a posição de rejeitar o mulato, como se ele não partilhasse integralmente dessa opinião. Nesse contexto, pode-se entrever algumas manifestações incipientes da ambiguidade e da cordialidade típicas do racismo brasileiro. Ao final da trama, o dr. Raimundo é assassinado e a vida na província segue seu curso.

De certa forma, pode-se inferir que o romance retrata o medo da degeneração que rondava a sociedade brasileira, sendo o mestiço considerado pela elite como um perigo a ser evitado, por representar a sentença negativa que pesava sobre a nação. O desfecho da obra transmite criticamente a mensagem de que a mestiçagem representaria um impasse para o futuro da província. Então, para os demais personagens, a inexistência do mestiço seria a melhor alternativa, pois seu extermínio representaria a continuidade da vida. Sua existência não seria lembrada e sua ausência, tampouco lamentada.

Assim como nesse romance, as diversas ideias que circulavam acerca do mestiço passaram a integrar o imaginário racial da nação, inclusive da elite. No intuito de sanar o problema, políticas passaram a ser engendradas no país, buscando o branqueamento da população, medidas eugênicas e procedimentos para a identificação e o controle dos "degenerados".

De acordo com Célia Maria de Azevedo[27], a elite brasileira, levando em conta as diferentes perspectivas que emergiam do pensamento racial brasileiro, e diante da iminente abolição da escravatura, passou a incentivar a maciça imigração europeia para o Brasil, pautada numa política que visava resolver tanto o problema de mão de obra, substituindo o escravizado pelo imigrante, quanto colocar a nação nos trilhos do progresso civilizatório e racial. A autora pondera que a vinda dos imigrantes representava uma estratégia para apaziguar os ânimos da elite em face das diversas rebeliões[h] de escravizados que se alastraram pelo território brasileiro, sobretudo após a Revolução Haitiana[i] (1791-1804). Assim, sobretudo nas duas últimas décadas do século XIX, uma avalanche de imigrantes europeus – principalmente italianos – chegou a São Paulo (entre 1874 e 1889 vieram para o Brasil 320.373 italianos, quase a metade deles para essa província), incentivada pela política de branqueamento da nação proposta pela elite, que visava ao aumento de indivíduos da "raça branca", num momento em que a mestiçagem fora sinalizada como perigosa pelos centros do saber. Independentemente da perspectiva teórica adotada, concebendo a mestiçagem como redimível ou não, o aumento da quantidade de brancos representava uma centelha de esperança em relação ao futuro.

A crença de que a mestiçagem resultaria num processo de degeneração criou um paradoxo de difícil solução, pois a aceitação dessa hipótese implicaria a rejeição do mestiço, a qual, num país predominantemente marcado pela mistura racial – presente na ascendência de muitos daqueles reconhecidos como brancos –, incidiria não apenas sobre os pobres e marginalizados, mas também sobre sujeitos de famílias tradicionais e abastadas. Sobre a busca de uma saída para esse impasse, Schwarcz escreve:

> A situação pareceria sem saída, não fora o uso inesperado que essas teorias europeias começaram a receber desde finais dos anos 20, quando os mestiços passarão a ser divididos entre "maus" ou "bons", assim como a "degenerescência obtida através da hibridação" deixará de ser pensada enquanto fenômeno irreversível. As raças, por outro lado, serão entendidas como passíveis de mutação, sujeitas

a um processo contínuo de *saneamento*. É o discurso da *eugenia* que ganha novos adeptos, até mesmo nas radicais fileiras da Faculdade de Medicina da Bahia.[22; 215]

O ideal eugênico representava a possibilidade de regeneração da raça, como antídoto à pretensa degeneração pela mestiçagem. Do determinismo passou-se à crença na reversão desse processo, a qual, porém, não alcançaria a todos, visto que os mestiços passaram a ser categorizados ora como maus, ora como bons. A visão negativa sobre a mestiçagem permanecia, mas sobressaía a perspectiva de purificar a raça.

Segundo Dain Borges, como estratégia de proteção da raça e com a finalidade de melhorar sua saúde, a política que incentivava a vinda de imigrantes europeus continuou a ser encorajada, ao mesmo tempo que se desestimulava a vinda de outros grupos, como os chineses. Instituem-se, assim, medidas para a regulamentação da prostituição, a higiene mental preventiva, o controle dos infratores, a sanitarização de locais públicos, bem como o incentivo à educação física – entendida como forma de aprimoramento das populações – e a obrigatoriedade do serviço militar (para os homens). O autor resgata que muitos cientistas defendiam que a melhoria das condições ambientais produziria um aperfeiçoamento da raça. De maneira que, na ótica dos defensores da eugenia, o brasileiro seria entendido como uma raça em formação a ser cuidada, sendo o seu aprimoramento imprescindível para o alcance de um resultado satisfatório.

Maria Cecília Cortez Christiano de Souza[28], por sua vez, aponta que o ideal eugênico teria influenciado a construção do imaginário racial no país, tendo em vista que a pobreza, a preguiça e a imbecilidade seriam indícios da degeneração ocasionada pelo enegrecimento, enquanto a riqueza, o esforço, a elegância e a inteligência seriam traços adquiridos pelo branqueamento, os quais auxiliariam na percepção e na categorização racial de um indivíduo no Brasil.

Nesse sentido, segundo a autora, é possível afirmar que a regeneração eugênica da raça seria sinônimo de branqueamento: um indivíduo que demonstrasse sinais de regeneração – leia-se branqueamento – seria relativamente aceito, à medida que poderia passar por branco ou quase branco, mediante a apresentação de sinais de brancura, como educação, dinheiro e poder, características que sinalizariam o trajeto de aprimoramento racial. E o contrário seria verdadeiro, pois demonstrar sintomas de degeneração – ou seja, enegrecimento – constituía um critério para a interposição de barreiras. Pode-se depreender, assim, que o emprego de tais critérios, como evidências do aprimoramento ou da degeneração da raça, teria cooperado para o desenvolvimento do complexo código de hierarquização e classificação raciais que permeia a sociedade brasileira.

De acordo com Schwarcz, no caso dos indivíduos passíveis de regeneração, o incentivo a casamentos que aprimorassem a raça e o combate aos maus hábitos constituíam fatores fomentados pela eugenia, obtendo um parâmetro homogêneo e saudável para a formação da futura geração.

Quanto aos indivíduos que não poderiam ser regenerados, eles eram tachados como doentes crônicos, embora houvesse entre os eugenistas diferentes posicionamentos sobre o futuro dessa massa degenerada. Para alguns, o desaparecimento desses indivíduos seria uma questão de tempo, devido ao efeito da seleção natural; para outros, a esterilidade poderia se configurar como uma estratégia de ação, no impedimento de que essa classe de degenerados transmitisse suas moléstias hereditárias.

Entre os cientistas que defendiam medidas mais agressivas como forma de controle eugênico da população, destaca-se Renato Ferraz Kehl (1889-1974). Para esse médico, a esterilização seria o melhor caminho para reduzir ou extinguir a apavorante quantidade de indivíduos degenerados, os quais eram denominados por ele como parasitas, doentes, criminosos, indigentes, loucos, imorais, que viviam no vício, na libertinagem, e ocupavam hospitais, presídios e asilos, sendo inúteis e verdadeiros empecilhos para a roda do progresso.

Para os defensores da eugenia, a mistura racial continuava a ser compreendida como sinônimo de degeneração nacional. Embora distinguissem os indivíduos como passíveis ou não de regeneração, a mestiçagem ainda representava um perigo – e o mestiço, um elemento do atraso.

Porém, na década de 1930, nova interpretação que visava atribuir um aspecto positivo à mestiçagem passou a ganhar força, numa releitura da figura do mestiço como símbolo de triunfo e orgulho nacionais. Nessa perspectiva, destaca-se o pensamento de Gilberto Freyre (1900-1987).

Freyre[29] afirmava que a miscigenação era o problema brasileiro que mais o intrigava. Inspirado pelo antropólogo Franz Uri Boas[j] (1858-1942), do qual havia sido aluno nos Estados Unidos, o autor defendia que a mistura racial não seria a causa da degeneração encontrada na população brasileira – refletida em sua fraqueza, debilidade, doenças e perturbações do crescimento –, mas antes que tal decadência ocorreria em virtude de fatores ambientais e culturais.

Entre os fatores que teriam cooperado para tal degenerescência, Freyre menciona o regime de deficiência alimentar. Para ele, as enormes extensões de terra tomadas para a monocultura teriam limitado a dieta da população da colônia, privando-a do consumo de alimentos frescos e ricos em vitaminas. Ademais, a massa que habitava a colônia se viu obrigada a consumir gêneros importados, cujo transporte ocorreria em péssimas condições de higiene. Na ótica do autor, a alimentação pobre teria sido responsável pela hiponutrição, diminuição da estatura, envelhecimento precoce, baixa fertilidade e apatia da população brasileira.

Para Freyre, os sujeitos que usufruíam de uma alimentação relativamente melhor em relação à maior parte da população seriam, por um lado, os senhores e suas famílias e, por outro, os escravizados, que necessitavam de nutrição para trabalhar. Dessa forma, o autor defende que isso explicaria o fato de os negros escravizados se mostrarem mais vigorosos que os mestiços – como os caboclos, por exemplo. A alimentação recebida pelos negros faria com que eles tivessem condições de vida mais vantajosas em termos de eugenia, o que lhes possibilitaria resistir às doenças e ao meio social, gerando descendentes mais saudáveis. Assim, as concepções de Freyre buscam justificar a inferioridade atribuída ao mestiço pelos fatores sociais.

Ainda sobre a degeneração da população, Freyre aponta que o sistema econômico colonial também teria sua parcela de contribuição na deterioração brasileira, pois favoreceria a depravação. A seu ver, a conjuntura escravista teria degenerado tanto senhores quanto escravizados, sendo que a sífilis seria a influência ambiental mais deformadora do mestiço, já que tal moléstia teria se propagado a partir da mestiçagem.

No pensamento de Freyre, porém, há evidente esforço para atribuir um viés positivo à mistura racial. O autor infere que a miscigenação entre colonizadores, índias e africanas possibilitou o estreitamento dos laços entre senhores e escravizados, o que teria resultado numa espécie de democratização social do país:

> A miscigenação que largamente se praticou aqui corrigiu a distância social que de outro modo se teria conservado enorme entre a casa-grande e a mata tropical; entre a casa-grande e a senzala. O que a monocultura latifundiária e escravocrata realizou no sentido de aristocratização, extremando a sociedade brasileira em senhores e escravos, com uma rala e insignificante lambujem de gente livre sanduichada entre os extremos antagônicos, foi em grande parte contrariado pelos efeitos sociais da miscigenação. A índia e a negra-mina a princípio, depois a mulata, a cabrocha, a quadrarona, a oitavona, tornando-se caseiras, concubinas e até esposas legítimas dos senhores brancos, agiram poderosamente no sentido de democratização social no Brasil. Entre os filhos mestiços, legítimos e mesmo ilegítimos, havidos delas pelos senhores brancos, subdividiu-se parte considerável das grandes propriedades, quebrando-se assim a força das sesmarias feudais e dos latifúndios do tamanho de reinos.[29: 33]

Para além dessa suposta democratização, Freyre defende que as relações raciais no país teriam se construído sem conflitos, atribuindo essa conquista à miscigenação, uma vez que, "híbrida desde o início, a sociedade brasileira é de todas da América a que se constituiu mais harmoniosamente quanto às relações de raça: dentro de um ambiente de quase reciprocidade cultural"[29: 160].

Com isso, Freyre constrói uma narrativa que atenua e nega a violência a que as mulheres africanas e indígenas foram submetidas, indicando que a convivência entre a casa-grande e a senzala se encontraria envolta por sentimentos típicos de um ambiente familiar dotado de afeto, intimidade e reciprocidade. Para o autor, os colonizadores souberam aproveitar ao máximo os valores e as experiências dos grupos africanos e indígenas, negando desse modo o extermínio dessas populações. Nesse sentido, segundo o autor, a miscigenação teria cooperado plenamente para a instauração de uma convivência harmônica, que fundamentaria o *modus vivendi* da sociedade brasileira, pretensamente isenta de conflitos.

> A verdade é que no Brasil, ao contrário do que se observa em outros países da América e da África de recente colonização europeia, a cultura primitiva – tanto a ameríndia como a africana – não se vem isolando em bolões duros, secos, indigestos, inassimiláveis ao sistema social do europeu. Muito menos estratificando-se em arcaísmos e curiosidades etnográficas. Faz-se sentir na presença viva, útil, ativa, e não apenas pitoresca, de elementos com atuação criadora no desenvolvimento nacional. Nem as relações sociais entre as duas raças, a conquistadora e a indígena, aguçaram-se nunca na antipatia ou no ódio cujo ranger, de tão adstringente, chega-nos aos ouvidos de todos os países de colonização anglo-saxônica e protestante. Suavizou-as aqui o óleo lúbrico da profunda miscigenação, quer a livre e danada, quer a regular e cristã sob a bênção dos padres e pelo incitamento da Igreja e do Estado.[29: 247]

Contudo, torna-se evidente que a narrativa de Freyre apresenta dose muito maior de utopia do que de realidade, tendo em vista a violência praticada pelo colonialismo lusitano contra os povos africanos e ameríndios. O autor descreve, saudoso, o patriarcalismo, o qual, segundo ele, alimentaria com largueza os escravizados, amparando-os e socorrendo-os tanto na velhice quanto na doença, ao mesmo tempo que ofereceria aos filhos deles oportunidades de integração social. Vê-se que Freyre constrói uma visão idílica e parcial do sistema escravista, por meio da descrição irreal dos senhores como verdadeiros protetores e benfeitores dos escravizados.

A tese de Freyre não representa ruptura com os discursos de hierarquização racial no país, tampouco com os paradigmas racialistas. Na realidade, o autor se vale da mescla de teorias e percepções para justificar sua posição otimista, de forma a defender a união nacional, tomando a figura do mestiço como símbolo máximo dessa perspectiva.

Não se pode deixar de mencionar que Freyre exalta constantemente a superioridade dos portugueses, referindo-se a eles como raça adiantada, enquanto qualifica os povos indígenas como atrasados. O português é descrito pelo autor em tom heroico, pela força com a qual teria estabelecido a figura central da casa-grande, centro de domínio e integração. Confere aos lusitanos uma condecoração pela superioridade que apresentariam em relação aos demais grupos de colonizadores europeus, graças à sua capacidade de adaptação aos trópicos.

Com o intuito de convencer a comunidade científica de que o povo brasileiro não carregaria uma inferioridade biológica, Freyre defende que a origem desse povo estaria nos melhores exemplares de cada raça. Ao mesmo tempo que afirma que o português seria um mestiço – sendo essa a causa de sua facilidade no convívio com outros grupos –, o autor infere que os indivíduos que se instalaram na colônia como senhores de engenho seriam do tipo mais puro, e que os degradados enviados ao território brasileiro seriam, na verdade, gente sã, autores de delitos leves ou imaginados pela Coroa portuguesa. Destaca ainda que muitos dos portugueses que ficaram no Brasil eram jovens, e por isso podiam escolher mulheres indígenas sadias. Na verdade, sabe-se que a violência integrava essas "escolhas", cuja prática resultou na difusão da expressão popular "índias pegas no laço", que o autor descreve como indício da liberdade e não da libertinagem do europeu:

> [...] tantos deles na flor da idade e no viço da melhor saúde, gente nova, machos sãos e vigorosos, "aventureiros moços e ardentes, em plena força", com mulheres gentias, também limpas e sãs [...] Tais uniões devem ter agido como "verdadeiro processo de seleção sexual", liberdade que tinha o europeu de escolher mulher entre dezenas de índias.[29; 83]

Nesse trecho, pode-se depreender que o autor pactuava com as ideias de seleção e eugenia para o aprimoramento da raça. Freyre chegou a destacar de forma positiva a higiene das índias, bem como o asseio delas com a moradia e no trato com as crianças, fatores culturais que teriam sido incorporados à vida na colônia, de forma a cooperar para o aprimoramento do povo brasileiro.

No que se refere aos africanos, Freyre afirma que poderosas forças de seleção teriam influenciado a qualidade dos pretos transportados para o Brasil, como a escolha de escravizadas, pensando na ausência de mulheres brancas e a necessidade de trazer africanos que dominassem as técnicas do trabalho com o metal. Diferentemente dos Estados Unidos, o Brasil teria recebido "falsos negros", provenientes de etnias que teriam se misturado com raças não negras, sendo, portanto, de uma estirpe mais adiantada. Para Freyre, a "seleção" dos "melhores elementos" de cada "matriz" teria resultado num "amálgama formidável":

> O intercurso sexual de brancos dos melhores estoques – inclusive eclesiásticos, sem dúvida nenhuma, dos elementos mais seletos e eugênicos na formação brasileira – com escravas negras e mulatas foi formidável. Resultou daí grossa multidão de filhos ilegítimos – mulatinhos criados muitas vezes com a prole legítima, dentro do liberal patriarcalismo das casas-grandes; outros à sombra dos engenhos de frades; ou então nas "rodas" e orfanatos.[29: 563]

Na ótica do autor, mesmo os filhos dos relacionamentos extraconjugais entre senhores e escravizadas deveriam ser valorizados, visto que "Aos bastardos [...] quando mestiços resultaram quase sempre da união do melhor elemento masculino – os brancos afidalgados das casas-grandes – com o melhor elemento feminino das senzalas – as negras e mulatas mais bonitas, mais sadias e mais frescas"[29: 568]. Entretanto, não faz referência ao lugar subalterno imposto aos mestiços que eram, de fato, considerados "bastardos", como no caso das mulheres nessa condição, por exemplo, as quais poderiam ser violentadas e escravizadas.

Pode-se afirmar que Freyre transformou a trama da mestiçagem brasileira numa narrativa épica de fundação do país, a qual faltava aos brasileiros, sujeitos marcados pela vergonha da pretensa degeneração mestiça, ocasionada pela "contaminação" com os africanos e indígenas, tidos como primitivos – misturados com o português, europeu supostamente inferior aos demais. O autor imprime à figura do mestiço um otimismo biológico e cultural, insuflando o orgulho nacional. Discurso que passou a definir a identidade brasileira, bem como a situação do país a partir da década de 1930, o qual não eliminou, contudo, o ideal de branqueamento.

Logo, considerando as diferentes interpretações construídas acerca da figura do mestiço, pode-se afirmar que, na sociedade brasileira que emergia, os sujeitos percebidos de tal forma ocupavam um lugar incerto na ordem social – de forma semelhante ao ocorrido no período colonial. Conforme os interesses em jogo, atribuía-se um lugar diferente ao mestiço, que variava de acordo com o imaginário vigente, fosse o de inferno, purgatório ou paraíso racial.

1.3. Tendências polarizantes e o *continuum* de cor

A narrativa idílica do Brasil como verdadeiro paraíso racial sofreu os primeiros abalos a partir dos anos 1950. Após os horrores da Segunda Guerra Mundial, a United Nations Educational, Scientific and Cultural Organization (Unesco) passou a demonstrar preocupação em relação ao racismo ao redor do mundo, postulando que para o combate a essa ideologia seria necessário, em primeira instância, compreender os fatores que cooperariam para a existência de sociedades caracterizadas por relações raciais harmoniosas. Nessa perspectiva, o Brasil foi escolhido como lócus de uma série de investigações apoiadas pela referida instituição, devido ao discurso que apontava que a miscigenação da população brasileira refletiria notória ausência de preconceito racial.

Em decorrência disso, vários pesquisadores brasileiros e estrangeiros passaram a desenvolver estudos sobre as relações raciais em diferentes regiões do país. No intuito de investigar se as relações estariam isentas de discriminação racial, os estudiosos buscaram identificar as populações raciais que comporiam o Brasil, comparando suas respectivas condições de vida. Sobre a metodologia adotada na categorização racial da população, Hofbauer tece a seguinte ponderação:

> Os pensadores da época partiam de concepções divulgadas pelas declarações da UNESCO, que definiam a noção de raça como "dado genético" e, contrariando todas as dúvidas e incertezas, afirmavam a existência de "três grupos humanos fundamentais" (os negros, os brancos e os amarelos). Consequentemente, "raça" e "negro" (ou "branco" e "amarelo") eram tidos, em primeiro lugar, como "fatos objetivos", que teriam existência independentemente de concepções ideológicas (teológicas e/ou científicas), que têm sido desenvolvidas ao longo do tempo e descrevem e justificam fronteiras entre seres humanos. Embora os autores não escondessem enormes dificuldades em definir conceitos – e por mais de uma vez admitissem que os termos usados representavam construções sociais e, por isso, não deveriam ser reificados –, nenhum deles cogitou em tomar os próprios conceitos como objeto de pesquisa. [...] A aplicação – ou projeção – de "tipologias étnico-raciais" em realidades de inclusão e exclusão que sempre resistiram a processos de formalização e burocratização e, durante muito tempo, estiveram profundamente permeadas por ideias de branqueamento impossibilita que se capte a dimensão dinâmica dos processos identitários;

mas, ao mesmo tempo, foi por meio desta opção conceitual, a de conferir às categorias de análise uma existência autônoma, que se tornaria possível investigar e denunciar desigualdades e tendências de discriminação.[19: 264]

A maioria dos estudos desenvolvidos no Brasil classificou a população a partir das categorias "branco" e "negro", pautados pelos critérios raciais enunciados pela Unesco. Nesse sentido, os sujeitos que poderiam ser categorizados de outra forma, como no caso das populações indígenas, ou então dentro de um intervalo entre branco e negro, em virtude do espectro da mestiçagem, foram enquadrados a partir da respectiva polarização.

Embora a ação de enquadrar a população em branca e negra facilitasse o trabalho dos pesquisadores, no que se refere à divisão das amostras investigadas, as referidas categorizações reduziram a complexidade que permeava as dimensões identitárias do povo brasileiro. Sendo assim, os aspectos mais ideológicos e subjetivos não foram explorados suficientemente nessas análises, sobretudo no que se refere à população cujo fenótipo evidenciaria de forma mais nítida a mestiçagem, que fora o pivô das discussões raciais travadas no país.

Contudo, o corpo de investigações realizadas com o apoio da Unesco evidenciou a existência de preconceito racial no Brasil, de maneira a contradizer o imaginário que afirmava a presença de igualdade. Entre os estudos produzidos, destaca-se a pesquisa de Roger Bastide e Florestan Fernandes[30], *Brancos e negros em São Paulo*, que aborda a questão do preconceito de cor na sociedade paulistana. Com base nessa investigação, os autores passaram a indicar que o quadro de harmonia defendido por Freyre seria, na verdade, um ideal de democracia racial, abarcando uma ideologia que serviria apenas para mascarar os fatos que demarcam o preconceito e a desigualdade raciais no país. Para esses pesquisadores, o discurso do paraíso racial teria influenciado os brasileiros no sentido de disfarçarem o preconceito, a fim de que esse ideal passasse a refletir uma realidade que, na verdade, era apenas aparente:

> É verdade que êsse ideal de democracia impede as manifestações demasiado brutais, disfarça a raça sob a classe, limita os perigos de um conflito aberto. Se a isso acrescentarmos certa bondade natural do brasileiro, o hábito adquirido há séculos de viver com os negros, e mesmo, por vêzes, uma certa displicência, compreenderemos melhor que o preconceito não se exprima abertamente, mas de um modo subtíl ou encoberto. Os estereótipos recalcados agem nas fronteiras indecisas do inconsciente, menos por construções sociais, um ritual institucionalizado, do que por repulsões instintivas, tabus pessoais. O negro, aliás, é eleitor, e os partidos políticos disputam os seus votos como os dos brancos. A opinião pública é sensível ao bom nome do Brasil, a tudo o que poderia prejudicar a sua tradição de democracia racial.[30: 164-165]

Nessa perspectiva, Florestan Fernandes[31] explica que, no plano das ideias, o discurso brasileiro ancorado na suposta harmonia termina por condenar o preconceito de cor, ao considerá-lo como atitude imoral. Para o autor, essa concepção seria oriunda do *ethos* católico português, de forma que, sob a égide dos valores morais cristãos, o preconceito tende a ser visto como uma atitude degradante, opondo-se à fraternidade cristã. Sendo assim, a influência da moral católica teria conduzido o brasileiro a desenvolver o "preconceito contra o preconceito ou o preconceito de ter preconceito"[31: 42].

Porém, para o autor, apesar dessa influência prescrever comportamento cordial nas relações cotidianas entre as raças, na verdade a democracia racial seria um mito, ao confundir tolerância com igualdade racial, já que o preconceito e a discriminação estariam presentes no país.

Portanto, Bastide e Fernandes defendem a inexistência da harmonia racial brasileira, refutando a leitura de Freyre das relações inter-raciais. Para eles, a miscigenação não seria sinônimo de harmonia e integração, e defendem inclusive que no Brasil brancos e negros se mostrariam separados como numa sociedade de castas, divididos em dois mundos paralelos e antagônicos, que manteriam distâncias intransponíveis.

Sobre o preconceito de cor, Bastide e Fernandes reconhecem que os mulatos que apresentassem características fenotípicas próximas às do branco – leia-se europeu – poderiam ser integrados em alguma medida pela ordem senhorial. Para esses autores, tal fenômeno não faria da miscigenação um sinônimo de oportunidade de ascensão social, tampouco de ausência de preconceitos, pois a incorporação de alguns mestiços ao estrato dominante se daria em virtude do branqueamento, o que reforçava o referido ideal de supressão das raças não brancas.

Para Bastide e Fernandes, a possibilidade de ascensão via branqueamento geraria uma hierarquia entre os indivíduos, instituindo "um preconceito do negro contra o negro, do mulato ou do negro bem-sucedido contra a plebe de cor"[30: 235]. Vê-se assim que não apenas a cor, mas a posição social também influenciaria a dinâmica dessas relações.

Nesse sentido, Bastide e Fernandes reconhecem que o sujeito evidentemente mestiço possuía, desde a ordem escravocrata, uma condição social melhor do que a do africano ou negro, indivíduos cuja aparência se mostrava mais distante da aparência do branco europeu. Como exemplo, os autores salientam que os escravocratas concediam a alforria com frequência aos filhos mulatos, e, embora os senhores evitassem a todo custo dar suas filhas em casamento a mestiços "evidentes", essas imposições se atenuavam nos momentos de crise econômica, induzindo os pais a aceitar os mestiços ricos como genros.

É importante observar que, no decorrer do estudo, Bastide e Fernandes valeram-se de diferentes vocábulos empregados de forma alternada para se referir aos mestiços ("mestiço", "mulato", "mulato claro", "mulato menos escuro", "mulato escuro", "pardo") – possivelmente acompanhando a gama de termos referentes a esses sujeitos no decorrer da história, o que evidencia a complexidade que tem acompanhado a construção identitária do sujeito cujos traços fenotípicos evidenciam a mestiçagem.

Bastide e Fernandes indicam que no Brasil havia mulatos claros que ascendiam socialmente, ocupando cargos na administração pública, sendo recrutados para o serviço militar ou tornando-se eclesiásticos, situações que ocorreriam com maior frequência fora de São Paulo. Fosse pela riqueza, fosse por títulos acadêmicos, esses sujeitos conseguiriam ser integrados às famílias dos senhores, visto que, em virtude dessas qualidades, a questão da cor ficaria em segundo plano, o que não implicava eliminação de preconceito ou de comentários irônicos. De qualquer forma, esses indivíduos passavam a se identificar com a cultura que emergia, já que socializados nesse meio.

Com a abolição, Bastide e Fernandes salientam que os espaços do trabalho livre foram preenchidos por imigrantes e por trabalhadores nacionais – brancos e mestiços, sobretudo caboclos. O estudo dos autores constatou que os mulatos, apesar de sofrerem preconceito no mercado de trabalho, ocupavam posições melhores quando comparados aos negros retintos (ou os mestiços mais escuros). Bastide e Fernandes afirmam que, devido às prerrogativas do branqueamento, o mulato passou a ser preferido em relação ao preto de forma geral, sendo que havia sujeitos que conseguiam atravessar a linha da cor, passando a ser reconhecidos inclusive como brancos. Dessa forma, a possibilidade de ser integrado ao mundo branco se tornaria uma aspiração por parte desses indivíduos, o que poderia implicar a ruptura de laços com os negros, por meio da tentativa de esconder suas origens, valendo-se inclusive do preconceito contra os mais pretos como fórmula para manter a aparência, pretensamente isenta de mestiçagem. Embora ela não tenha sido o objeto principal da investigação, os autores propuseram algumas problematizações a respeito do mulato, manifestas nas seguintes ponderações:

> A côr age, pois de duas maneiras, seja como estigma, racial, seja como símbolo de um status social inferior. Se assim é, quanto mais o negro se aproximar do branco, pela tez, pelos traços do rosto, nariz afilado, cabelos lisos, lábios finos, maiores as suas probabilidades de ser aceito. Se nos Estados Unidos há uma definição do negro (aquêle que tiver uma gôta de sangue negro é um negro), não existe uma definição sociológica do "negro" ou do "mulato" no Brasil. Tentamos, através de um questionário, colhêr as representações coletivas

> que permitem distinguir o mulato do negro. Mas os resultados são tão variáveis que não permitem delimitar conceitos. Os dois provérbios, igualmente tradicionais: "Quem escapou de negro é branco" e "Quem escapou de branco é negro", mostram bem a ambivalência do mulato. Há quem se recuse a fazer a distinção: o mulato é um negro. Outros distinguem um do outro por caracteres exteriores às vêzes divertidos: "Êle tem a pele mais clara e veste-se melhor". Mas, os que fazem a distinção, muitas vêzes, condenam ainda mais o mestiço: o prêto conhece o seu lugar, é mais fiel, mais ligado aos patrões, tem bom coração - o mulato é vaidoso, pernóstico, pretensioso, desagradável nas suas relações, impõe-se atrevidamente, julga ter todos os direitos. Outros ainda consideram-no quase como um branco e aceitam-no sem dificuldade no círculo dos amigos. De um modo geral, é inegável que o mulato é mais aceito que o prêto retinto, e as biografias que colhemos provam que os obstáculos diminuem à medida que a côr da pele clareia. Aqui também a côr age duplamente, aproximando o mulato do branco pela côr, e, como símbolo social, permitindo-lhe ocupar, em geral, uma posição superior à do negro. Compreende-se nessas condições, que o mulato "passável" procure fazer esquecer as suas origens. E o melhor modo ainda é atacar os pretos.[30: 188-189]

Apesar de reconhecerem as relativas diferenças de tratamento outorgadas pela sociedade a indivíduos negros e mulatos, sendo estes últimos mais aceitos quando comparados aos negros retintos, os autores relatam que não houve como delimitar uma nítida distinção entre essas categorias de indivíduos, devido à ambivalência que tem acompanhado a figura do mulato. Contudo, a despeito dessa notória dificuldade assumida, os pesquisadores valeram-se das categorias negro e branco para a análise final dos dados, o que influenciou estudos posteriores sobre o tema, visto que Bastide e Fernandes se tornaram referência na área por desmascararem o mito do paraíso racial. Entretanto, independentemente do emprego do modo dual de categorização, o estudo dos autores permite visualizar a ambiguidade que atravessa a identificação racial dos sujeitos evidentemente mestiços, seja nas concessões, seja nas barreiras a eles interpostas, que variam de acordo com a forma como são racialmente percebidos.

Não se tem a pretensão de invalidar o estudo de Bastide e Fernandes, que se mostrou de grande importância no sentido de evidenciar a presença do preconceito e da desigualdade raciais na sociedade brasileira. Porém, torna-se necessário reconhecer que a opção pela tendência a dividir as categorias raciais entre brancos e negros – tal como fizeram muitos colaboradores do Projeto Unesco, como no caso da maior parte dos representantes da Escola Paulista de Sociologia – cooperou para a construção de um imaginário racial segundo o qual a configuração identitária se mostraria polarizada no país. Isso porque Bastide e Fernandes não foram os únicos a seguir essa opção metodológica. Para Hofbauer, Fernando Henrique Cardoso e Octávio Ianni seriam os intelectuais que mais teriam contribuído para o estabelecimento de concepções tipológicas polarizadas no estudo das relações raciais brasileiras.

Porém, o estabelecimento de categorias estanques não auxilia na compreensão do processo identitário baseado nas negociações decorrentes da ideologia do branqueamento, que afetam as relações cotidianas no Brasil, tampouco na apreensão de sua complexa articulação com a branquitude, que será discutida mais adiante neste livro.

Na contramão da tendência à polarização das categorias raciais, o pesquisador Marvin Harris[32], que também integrou as investigações do Projeto Unesco no Brasil, dedicou-se a compreender o processo empregado no cotidiano para a classificação das identidades raciais do país. A partir de pesquisas realizadas na Bahia, o autor defende que os procedimentos cognitivos envolvidos no processo de classificação racial brasileiro abrangem um sistema demasiadamente complexo e que, por isso, a categorização racial no país não estaria apoiada apenas na questão do fenótipo.

De acordo com Harris, o cálculo racial empregado para a classificação de um sujeito no Brasil também consideraria um conjunto de aspectos compostos por condição econômica, educação e tipo de ocupação exercida, os quais funcionariam como verdadeiros modificadores da aparência física, pois forneceriam aos observadores a impressão de que um sujeito seria mais branco do que o revelado por seus traços fenotípicos. O autor destaca a complexidade e a ambiguidade que permeiam o processo de categorização racial no país.

No intuito de investigar se a regra de hipodescendência empregada nos Estados Unidos se apresentaria em alguma medida no Brasil, Harris desenvolveu uma pesquisa em Arembepe, vila de pescadores a 40 quilômetros de Salvador. O estudo partiu das fotos de três grupos de irmãos que possuíam características fenotípicas distintas. As fotos foram apresentadas a cem pessoas da vila, de forma que elas deveriam indicar como cada criança seria classificada em termos de cor. A hipótese do autor era a de que, sem a regra de hipodescendência, as respostas dos entrevistados seriam baseadas nos fenótipos, já que as crianças pertenciam à mesma classe dos informantes, e, por estarem na fase da infância, questões como nível de escolaridade e status não demonstrariam tanto peso, como ocorreria caso fossem comparados indivíduos na fase adulta. O autor e seus colaboradores esperavam que, como os sujeitos identificadores e os identificados pertenciam à mesma comunidade camponesa, as categorias raciais empregadas no processo de classificação seriam similares.

Com esse estudo, embora a ausência de uma regra de hipodescendência tenha sido confirmada, a pesquisa trouxe diversas constatações, as quais foram reencontradas em estudo posterior. Harris verificou que um indivíduo pode ser classificado de forma diferente pelos membros de uma mesma comunidade: a pesquisa registrou elevado índice de discordância sobre a categorização racial dos sujeitos identificados. Por exemplo, no primeiro teste da pesquisa foram mostradas fotos de três irmãs aos moradores, sendo que uma tinha a pele clara e cabelos lisos e pretos, e as outras duas tinham traços mais próximos do fenótipo negro. Nesse caso, surgiram diversas classificações, havendo quem empregasse a mesma categoria para classificar as três irmãs, ou classificasse a primeira como branca e as outras duas como escuras, ou ainda quem atribuísse categorias raciais distintas a cada uma das meninas.

O autor aponta que, em relação à primeira criança, os identificadores empregaram os seguintes termos para categorizá-la, dispostos aqui na ordem do mais ao menos empregado: "branca", "morena clara", "clara", "mulata clara", "morena", "mulata", "loura" e "sarará", totalizando oito termos. No que se refere às outras duas irmãs, os termos utilizados foram "morena", "morena escura", "escura", "mulata escura", "morena clara", "mulata", "cabocla", "preta", "canela", "sarará", "clara" e "branca", sendo doze termos no total.

No intuito de explorar os significados dos termos raciais empregados, também foram apresentados aos identificadores nove porta-retratos com fotos de pessoas diferentes, a partir dos quais surgiram mais de quarenta termos raciais. Nesse teste foi possível constatar a prevalência de significativa discordância semântica a respeito das definições dos termos, no que se refere a todas as classificações intermediárias do intervalo entre o branco e o preto. Além disso, após algumas semanas, foi possível observar que alguns participantes optaram por mudar a classificação atribuída, evidenciando assim uma ambiguidade referencial.

Dessa forma, Harris constatou que a categorização das identidades raciais no Brasil abrange um cálculo cognitivo complexo, pois o emprego de um termo racial pode variar conforme o contexto (em tradução minha): "O uso de termos raciais parece variar de indivíduo para indivíduo, de lugar para lugar, de tempo em tempo, de teste para teste, de observador para observador"[32:27]. Para o autor, a ambiguidade seria a característica mais evidente do sistema de classificação racial brasileiro.

Para Harris[33], o cálculo racial dos brasileiros não contaria com uma convenção, pois o repertório de termos raciais e seus respectivos significados sofreriam uma variação de pessoa para pessoa – inclusive entre indivíduos de uma mesma comunidade. Neste ponto, cabe ressaltar que a ambiguidade e seus significados estariam mais associados à definição das identidades dos indivíduos que se encontram entre os extremos branco e preto, cujos fenótipos tornariam mais evidente a presença da mestiçagem. Mais uma vez, as identidades raciais no Brasil apresentam nuances decorrentes da intensa mestiçagem da população e do ideal de branqueamento, irredutíveis a categorias polarizadas.

Após o Projeto Unesco, na década de 1980 destaca-se o estudo de Carlos Hasenbalg[34], *Discriminação e desigualdades raciais no Brasil*, tese de doutoramento defendida na Universidade da Califórnia. O autor se dedicou a investigar a situação racial após o fim do regime escravista para detectar as bases em que se consolidaram a discriminação e a desigualdade raciais no Brasil, estruturadas sob o regime do capital e do trabalho assalariado. Ao longo de sua análise, Hasenbalg oscila no emprego das categorias raciais, valendo-se de vários termos, tais como "não brancos", "de cor", "negros", "mulatos", "mestiços". Porém, apesar das evidências demonstradas por ele, nota-se em sua escrita uma tendência predominante ao utilizar duas classificações para diferenciar os grupos raciais no país, "branco" e "não branco/negro", também por influência das referências norte-americanas usadas na obra.

No que diz respeito às desigualdades raciais, o estudo de Hasenbalg demonstrou que o status social e o processo de branqueamento podem conferir determinado grau de ascensão a indivíduos não brancos, de forma que os mestiços mais claros, tal como o mulato, tendem a se encontrar em menor desvantagem em relação aos negros.

Hasenbalg defende, nesse sentido, que a continuidade do preconceito e da desigualdade racial no Brasil não pode ser circunscrita à herança do passado escravocrata, pois os referidos fenômenos adquiriram nova configuração na estrutura da sociedade de classes. Para o autor, a raça – como traço fenotípico construído ao longo da história – passaria a ser tomada como um dos critérios de seleção para a ocupação de posições no sistema de estratificação social, sendo manipulado pela classe branca dominante na defesa e na manutenção de seus interesses e privilégios, por meio da desqualificação dos sujeitos não brancos. Assim, Hasenbalg rebate determinados aspectos da tese de Florestan Fernandes, visto que este último indicava que o preconceito e a discriminação racial seriam resquícios do sistema colonial, mantendo a expectativa de que a nova ordem econômica da sociedade e a industrialização por si sós terminariam por abrir oportunidades aos negros, de maneira a superar o regime de desigualdade.

Hasenbalg recorreu aos dados do projeto de pesquisa *Representation and Development in Brazil*[j], realizado em 1972 e em 1973. Embora o autor reconheça que o referido estudo tenha empregado, além do termo "branco", quatro categorias raciais para classificar cuidadosamente a população estudada – envolvendo indivíduos que estariam no intervalo entre mulatos claros e negros –, ele optou por reuni-las em uma única categoria, denominada como "não brancos", argumentando que a opção pela redução se justificaria em virtude do tamanho diminuto da amostra. A opção do pesquisador em polarizá-la seguiu a mesma tendência dos estudos da área, embora a pesquisa consultada apresentasse o espectro dos segmentos. A partir da referida investigação, Hasenbalg constatou que os brasileiros não brancos acabam sofrendo desvantagens cumulativas no decorrer da vida, num ciclo que dificultaria sua mobilidade social:

> Nascer negro ou mulato no Brasil normalmente significa nascer em famílias de baixo *status*. As probabilidades de fugir às limitações ligadas a uma posição social baixa são consideravelmente menores para os não-brancos que para os brancos

de mesma origem social. Em comparação com os brancos, os não-brancos sofrem uma desvantagem competitiva em todas as fases do processo de transmissão do *status*. Devido aos efeitos de práticas discriminatórias sutis e de mecanismos racistas mais gerais, os não-brancos têm oportunidades educacionais mais limitadas que os brancos de mesma origem social. Por sua vez, as realizações educacionais dos negros e mulatos são traduzidas em ganhos ocupacionais e de renda proporcionalmente menores que os dos brancos.[34: 230]

O estudo do autor indicou que as desigualdades raciais entre brancos e não brancos tendem a se manter durante toda a vida, perfazendo um ciclo que permeia gerações. Na competição ensejada pela estrutura econômica capitalista, ser identificado como pertencente a uma raça supostamente superior constituiria não apenas uma vantagem, mas também um fator a partir do qual o grupo dominante se articularia em prol da conservação do poder.

Para Hasenbalg, as desigualdades raciais entre brancos e não brancos também ocorreriam devido ao fator geográfico, pois a população não branca estaria concentrada nas regiões mais subdesenvolvidas do país, com menores oportunidades econômicas e educacionais. O Sudeste, região mais desenvolvida, seria majoritariamente ocupado por brancos, devido à maciça imigração europeia decorrente da política de branqueamento da população.

Quanto às possibilidades de mobilidade social, Hasenbalg indica que o grupo não branco estaria sujeito a uma dupla desvantagem competitiva, que abrangeria a origem social humilde e a questão da raça, minando muitas vezes a autoconfiança desses sujeitos. Contudo, ele alerta para o fato de que, se um negro contar com uma posição economicamente favorável na sociedade, ele passará a ser visto como "moreno", e um mulato claro com formação elevada ou rico tende a ser considerado como "branco", sendo que esses fatores funcionariam como um mecanismo de compensação de status, um tipo de branqueamento social, a partir do qual pessoas bem-sucedidas "são percebidas e tratadas como mais claras do que pessoas de aparência semelhante, mas de status inferior"[34: 248]. Porém, se um sujeito percebido como branco apresentar condições sociais idênticas às desses sujeitos, estará em vantagem devido ao quesito racial.

O estudo de Hasenbalg evidenciou que, em todas as regiões do país, os mulatos, quando comparados aos negros, apresentavam melhor situação ocupacional no mercado de trabalho, bem como melhores índices educacionais. Para o autor, visto que a ideia de branco passa a ser tomada como norma, os mulatos, por se encontrarem mais próximos desse ideal, acabam sofrendo menos desvantagens em relação aos indivíduos negros retintos.

Nesse contexto, Hasenbalg admite a presença da fragmentação identitária na população não branca, decorrente do sistema multirracial de categorização. Contudo, ao longo do estudo, atribui uma demarcação estanque ao segmento branco, embora, contraditoriamente, admita a possibilidade de mobilidade sociorracial. Afinal, o autor, na esteira de Harris, considera que o intenso processo de miscigenação entre os grupos branco/europeu, indígena e negro/africano produziu um "*continuum* de cor"[k], resultante da diluição das categorias raciais originais, a partir do qual pequenas diferenças no tom de pele passaram a ser significativas no meio social, ocasionando o surgimento de amplo sistema classificatório racial, de maneira a impedir sua rigidez.

Hasenbalg afirma que as principais consequências do *continuum* de tonalidades de cor de pele como critério de valorização racial consistem no fato de que a ascensão social estaria atrelada às várias nuances dos traços fenotípicos, fazendo com que os indivíduos mais claros tendam a ser absorvidos nas camadas intermediárias e eventualmente superiores. Nessa perspectiva, o ideal de branqueamento ainda estaria presente no imaginário brasileiro, operando no meio social e encontrando adesão devido às recompensas outorgadas conforme o grau de brancura obtido por meio do branqueamento social ou biológico, seja pelo status adquirido, seja pelo abrandamento dos traços fenotípicos negros ou, ainda, por meio do casamento com pessoas de pele mais clara.

Nesse sentido, Hasenbalg afirma que vários fatores cooperariam para que a baixa condição socioeconômica de um indivíduo não seja percebida como uma questão associada à desigualdade racial, o que dificultaria a mobilização por parte dos não brancos. O autor indica que muitos brancos e mestiços quase brancos pertencem às classes mais baixas, e por isso compartilham condições de vida semelhantes às da população negra, o que possibilita inclusive um intercurso social afetivo entre esses grupos – o que, por sua vez, não significaria afirmar que tais relações estariam imunes ao preconceito. Além disso, o fato de não haver segregação racial declarada no país, abrangendo as instituições sociais e culturais, dificultaria o desenvolvimento de uma percepção cotidiana de como a questão racial se encontra imbricada com a manutenção da desigualdade na sociedade brasileira.

Dessa forma, apesar da tendência do autor em atribuir certa rigidez à categorização racial do grupo branco, seu estudo contribui para a constatação de que, no Brasil, as categorias raciais não se estruturam de forma estanque, visto que diversos fatores funcionariam como compensação do baixo status, possibilitando relativa maleabilidade da ascensão social outorgada àqueles que atingem certo grau de brancura, seja social ou biológica, quando reconhece a mobilidade proporcionada pelo branqueamento.

Nesse sentido, Nelson do Valle Silva[35], companheiro de Carlos Hasenbalg na realização de pesquisas[36], afirma que, embora a tendência a classificar racialmente um indivíduo tomando como base suas características fenotípicas e socioeconômicas se estenda à maior parte da América Latina, o caso brasileiro despertaria a atenção não apenas pelo amplo espectro de categorizações raciais distintas correntes no país, mas sobretudo pela "indeterminação, subjetividade e dependência contextual de sua aplicação"[35:111]. Assim, o autor constata:

> [...] a identidade racial no Brasil não parece depender apenas da aparência física da pessoa ou das definições que cada informante tem a respeito de cada termo racial. De fato, a identificação racial brasileira é, em certa medida, influenciada pela posição socioeconômica tanto do informante quanto da pessoa que está sendo classificada. De um modo geral, dada uma certa combinação fenotípica, quanto maior a posição socioeconômica do indivíduo no momento da classificação, mais próxima do branco será a categoria utilizada para classificá-lo.[35: 111]

Por isso, torna-se imprescindível reconhecer que a categorização racial no Brasil, baseada no *continuum* de cor, ainda estaria sujeita à percepção do indivíduo e do observador, constituindo-se, portanto, em um processo marcado pela subjetividade. Nessa perspectiva, Harris chegou a criticar o fato de o Instituto Brasileiro de Geografia e Estatística (IBGE) desenvolver suas pesquisas e análises a partir do emprego de apenas quatro possibilidades de categorização racial: branca, preta, parda e amarela. Ter como alegação o fato de que esse procedimento obscureceria a especificidade das relações raciais que distinguiria o Brasil dos demais países, no que se refere à existência de vasta gama de termos raciais e a ambiguidade de sua aplicação.

Contudo, para Valle Silva, o maior desafio das pesquisas de cunho estatístico não seria propriamente a limitação de categorias raciais definidas pelo IBGE para classificar a população, visto que os entrevistados teriam a oportunidade de se autoclassificar. Para o autor, o problema residiria nos critérios permeados por aspectos subjetivos a partir dos quais as pessoas se autocategorizam, evidenciando que a autoclassificação de cor pode estar contaminada pela percepção que o entrevistado tem acerca de sua condição socioeconômica e racial.

No intuito de explorar essa variável, Valle Silva apresenta estudos em que os entrevistadores foram treinados para realizar a heteroclassificação dos entrevistados – tomando por base seus traços fenotípicos –, de forma a estabelecer uma comparação com a cor autodeclarada pelos sujeitos, bem como avaliar determinadas correspondências com os demais dados sociais coletados.

Valle Silva concluiu que os resultados obtidos apontam para um efeito de embranquecimento, considerando a discrepância altamente significativa entre a autoclassificação racial dos entrevistados e a atribuição de cor pelos entrevistadores, possivelmente mais fiéis às características fenotípicas dos participantes da pesquisa. O autor indica que, a partir dos dados coletados, foi possível constatar que quanto melhor a condição socioeconômica de um indivíduo, mais ele se mostrará propenso a embranquecer a sua cor, e quanto mais inferior for a sua condição, mais tenderá a escurecer sua pele. Dessa forma, o autor constata que "As evidências aqui coletadas apoiam a ideia de que, no Brasil, não só o dinheiro embranquece, como, inversamente, a pobreza também escurece"[35: 124]. Para o autor, essa perspectiva residiria na própria natureza da classificação racial brasileira, a qual de forma alguma carrega uma obviedade ou critérios objetivos.

Portanto, o reconhecimento da intensa mestiçagem da população e a complexidade que permeia a constituição das identidades raciais no país não têm a pretensão de apontar para a impossibilidade de classificação racial no Brasil. Antes, o que se pretende é evidenciar que as identidades raciais na sociedade brasileira não abrangem segmentos estanques ou rigidamente polarizados, à proporção que envolvem um constructo complexo, permeado por aspectos subjetivos num *continuum* de cor passível de negociações, realidade que necessita ser considerada para a obtenção de um entendimento adequado acerca da especificidade que caracteriza a branquitude no país.

Notas

a. Sobre a rejeição do português ao trabalho braçal, Caio Prado Jr. afirma que, para além da escassez da quantidade de braços disponíveis em Portugal, devido à pequena densidade de sua população, o trabalho escravo era uma tendência crescente no território lusitano, primeiramente com o emprego de mouros, como despojo da dominação árabe e prisioneiros de guerras capturados desde o século XV no norte da África e, depois, em meados do mesmo século, com o tráfico de negros africanos. A esse respeito, cabe ressaltar que, em 1550, Portugal possuía o maior contingente de escravos negros e mouros em relação ao restante da Europa, os quais representavam cerca de 10% da população de Lisboa, Évora e Algarve.

b. Embora Florestan Fernandes reconheça a existência da interdependência entre homens e mulheres nos trabalhos das tribos, o autor evidencia que "A mulher suportava uma carga extremamente pesada no sistema de ocupação"[37:76]. João Fernandes, por sua vez, também aponta para a presença de grande assimetria na divisão do trabalho entre homens e mulheres na sociedade tupinambá, porém defende que a mulher tupinambá não ocuparia um papel de "besta de carga" em sua comunidade, conforme descrito por cronistas e viajantes. De acordo com o autor, ao dominarem as técnicas de fabricação de cerâmica e bebidas fermentadas, como elementos necessários para os rituais indígenas, as mulheres tupinambás ocupavam papel central no simbolismo metafísico de sua cultura, o que lhes fornecia determinado grau de prestígio e influência em sua comunidade. Na instituição do casamento indígena, a mulher seria vista mais como um ser capaz de fornecer poderes – materiais e espirituais – ao homem do que propriamente "recompensa sexual" dada a um guerreiro, devido ao fato de o trabalho feminino ser crucial, tanto para o âmbito econômico quanto para a esfera metafísica, sendo, portanto, vital para a sobrevivência física e cultural do grupo.

c. Embora o termo "tupinambá" possa ser empregado para designar uma etnia indígena que habitava o que hoje seria o Nordeste brasileiro, João Fernandes utiliza-o para se referir aos povos indígenas que habitavam a costa da América portuguesa, falantes de línguas pertencentes ao tronco tupi, os quais apresentavam diversos traços culturais comuns.

d. Genovese compreende o paternalismo como uma ideologia por meio da qual os senhores tendiam a ver o escravismo como sistema de deveres marcado pela reciprocidade, pois, visto que os dominadores sustentariam os escravizados, estes, por sua vez, deveriam lhes retribuir com a obediência. De forma semelhante, Chalhoub define o paternalismo como uma ideologia que visava implantar o "mundo sonhado" pelos senhores, por meio de política de domínio senhorial, cuja principal característica seria a tentativa do senhor transmitir a imagem de que sua vontade seria inviolável, visando obter a obediência e o controle dos dominados.

e. O monogenismo constitui paradigma inspirado nos pressupostos bíblicos, segundo o qual a origem de toda a humanidade decorre de Adão, defendendo a ideia de que todos os homens e mulheres seriam descendentes de um único ancestral. Num primeiro momento, os defensores do monogenismo acreditavam que a humanidade estaria fadada a se degenerar, em virtude do distanciamento de Adão. Depois, os adeptos do monogenismo passaram a defender a ideia de uma inevitável evolução social de todos os grupos humanos.

f. De acordo com Schwarcz, a perspectiva poligenista consiste na crença de que a origem da humanidade se daria a partir de vários ancestrais, o que justificaria as diferenças pretensamente raciais que existiriam entre os grupos humanos.

g. Bastide e Fernandes evidenciaram que a tendência da elite a escolher para as filhas cônjuges pertencentes à raça branca se manifestou no país desde os primeiros tempos de sua fundação. A busca pelo comprovado sangue limpo, livre de impurezas oriundas da mistura com outras raças, ocorreria em virtude da ideia de que apenas a raça branca poderia produzir uma boa raça. A partir dessas afirmações, pode-se inferir que o medo de uma suposta degeneração encontrava-se presente no imaginário racial brasileiro antes mesmo do século XIX, ainda que baseado no senso comum da época e isento de discursos pretensamente científicos.

h. Munanga e Gomes[38] evidenciam as revoltas coletivas ocorridas em todo o país na luta contra a escravidão, tais como a Cabanagem (1835-1840), ocorrida no Pará; a Sabinada (1837-1838), na Bahia, e a Balaiada (1838-1841), no Maranhão.

i. Ao final do século XVIII, a Ilha de São Domingos, então colônia francesa, tornou-se palco da maior revolução de escravos contra o colonialismo, conhecida como Revolução Haitiana, cujo desfecho resultou na fundação do primeiro Estado dirigido por ex-escravos e negros libertos[39]. Segundo Nascimento[40], a Ilha de São Domingos era habitada por uma população majoritariamente escrava e negra, cujo trabalho compulsório garantia uma das maiores produções de café e açúcar do mundo. Em 1791, teve início uma rebelião no oeste do território promovida por africanos e seus descendentes, que desencadeou uma verdadeira revolução, a qual perdurou por mais de uma década. Em 1804, a revolução termina com a expulsão definitiva dos franceses do território, que culminou com a proclamação da independência, outorgando à parte conquistada da ilha o nome de Haiti. A outra parte permaneceu sob o domínio espanhol, correspondendo na atualidade ao território da República Dominicana. Segundo Nascimento, a Revolução Haitiana suscitou grande medo na América escravista, de que uma insurreição dessas proporções pudesse emergir nas demais colônias, tendo em vista que demonstrou ser possível que o levante de escravos destruísse o regime colonial e escravista em todo o território americano.

j. A pesquisa foi desenvolvida por Converse *et al.*[41], pelo Instituto Universitário de Pesquisas do Rio de Janeiro (IUPERJ), em parceria com o Center for Political Studies for Research Social da Universidade de Michigan. Disponível em: https://www.icpsr.umich.edu/web/ ICPSR/studies/7712. Acesso em: 22 jan. 2021.

k. *Continuum* de cor se refere ao sistema de categorização racial no qual a população não é dividida em segmentos raciais rígidos, ocorrendo antes uma gradação nas classificações, devido à intensa miscigenação, o que permitiria maior mobilidade social aos indivíduos com características raciais pertencentes ao grupo dominado, mediante a aquisição de características do grupo dominante, por meio da mestiçagem e da herança cultural[42]. Na obra de Hasenbalg, a referida expressão aparece traduzida como "contínuo de cor".

Amolação Interrompida, de Almeida Júnior, 1894.
Acervo da Pinacoteca do Estado de São Paulo.

2. BRANQUITUDE

O processo colonial e o desenvolvimento das teorias racialistas do século XIX resultaram na consolidação de um imaginário coletivo que atribui superioridade à raça branca. Nesse sentido, esse lugar de poder relacionado à experiência branca foi nomeado por alguns estudiosos como "branquitude"[a].

No que se refere à definição de branquitude, esse conceito tem sido compreendido e abordado a partir de diferentes ângulos pelos pesquisadores que se dedicam ao estudo do tema[43,44], compreendendo os conceitos de ideologia, identidade branca, traços identitários do branco, forma de consciência e sistema de valores raciais. Nesse sentido, a ideia de branquitude pode ser compreendida como a experiência vivenciada pelos indivíduos que usufruem do privilégio racial branco, que influencia a forma como eles percebem a realidade.

Nesse ponto, é importante enfatizar que a branquitude constituiria uma faceta da experiência dos sujeitos percebidos como brancos, e não uma essência que supostamente seria responsável por direcionar toda a identidade desses sujeitos. A constituição da identidade e da experiência de um indivíduo abrange muitos aspectos, que vão além da identidade racial, embora sejam atravessados por ela. Dessa forma, o estudo da branquitude não busca construir um imaginário ou fortalecer estereótipos acerca dos sujeitos percebidos como brancos, mas sim compreender como esse fenômeno atravessa suas experiências.

Sobre o conceito de branquitude, Vron Ware aponta que os Estados Unidos têm se destacado no estudo desse fenômeno, devido ao campo de investigação que ficou conhecido como estudos críticos da branquitude (*Critical Whitennes Studies*), iniciado pelos trabalhos de David Roediger[45], Theodore William Allen[46] e Ruth Frankenberg[47], constituindo-se numa tendência entre pesquisadores norte--americanos a revelar as estruturas aparentemente invisíveis responsáveis pela produção e manutenção da supremacia branca naquele país. Conforme Ware, o referido campo tem sido objeto crescente de interesse entre pesquisadores ao redor do mundo, devido à grande produção no curto prazo e interdisciplinar, envolvendo várias áreas do conhecimento.

Contudo, Ware critica a maneira como esses estudos restringiram o debate sobre o tema à realidade dos Estados Unidos, tendo em vista que a branquitude se constrói de diferentes formas em cada país ou região do mundo, trazendo implicações distintas conforme o contexto das relações raciais. Embora a constituição da identidade branca tenha emergido a partir de um projeto euro-americano de dominação, as formas de apropriação e fortalecimento dessa ideia nas colônias fora dos Estados Unidos obedeceram a processos próprios, variando conforme o contexto de cada localidade.

No âmbito dos Estados Unidos, observa-se a tendência de definir a branquitude como um constructo de poder que outorgaria privilégios aos indivíduos brancos, que trariam implicações para as subjetividades deles como beneficiários desse sistema naquele país[48]. Porém, no Brasil, o usufruto dessa experiência de privilégio e poder e suas consequências acabaram se estendendo, em alguma medida, a determinados sujeitos não brancos, tendo em vista que aqui não há uma linha de cor intransponível, conforme salientado pelo sociólogo Guerreiro Ramos[49]. Assim, torna-se pertinente compreender o conceito de branquitude a partir de seus precursores no âmbito dos Estados Unidos, e em seguida discutir a especificidade dessa experiência no contexto brasileiro.

De acordo com Frankenberg, a branquitude é um fenômeno associado ao poder e ao privilégio racial, que produz formas de ser e de estar nos sujeitos beneficiados por esse sistema, abrangendo um modo subjetivo próprio que termina por influenciar a maneira como tais sujeitos percebem a si mesmos, aos outros e as experiências de cada um. A autora elenca oito pontos que auxiliam na compreensão desse fenômeno[b]:

> 1. A branquidade é um lugar de vantagem estrutural nas sociedades estruturadas na dominação racial.
> 2. A branquidade é um "ponto de vista", um lugar a partir do qual nos vemos e vemos os outros e as ordens nacionais e globais. 3. A branquidade é um lócus de elaboração de uma gama de práticas e identidades culturais, muitas vezes não marcadas e não denominadas, ou denominadas como nacionais ou "normativas", em vez de especificamente raciais.
> 4. A branquidade é comumente redenominada

ou deslocada dentro das denominações étnicas ou de classe. 5. Muitas vezes, a inclusão na categoria "branco" é uma questão controvertida e, em diferentes épocas e lugares, alguns tipos de branquidade são marcadores de fronteira da própria categoria. 6. Como lugar de privilégio, a branquidade não é absoluta, mas atravessada por uma gama de outros eixos de privilégio ou subordinação relativos; estes não apagam nem tornam irrelevante o privilégio racial, mas o modulam ou modificam. 7. A branquidade é um produto da história e é uma categoria relacional. Como outras localizações raciais, não tem significado intrínseco, mas apenas significados socialmente construídos. Nessas condições, os significados da branquidade têm camadas complexas e variam localmente e entre os locais; além disso, seus significados podem parecer simultaneamente maleáveis e inflexíveis. 8. O caráter relacional e socialmente construído da branquidade não significa, convém enfatizar, que esses e outros lugares raciais sejam irreais em seus efeitos materiais e discursivos.[47: 312-313]

A partir das contribuições de Frankenberg, pode-se depreender que a branquitude abrange a experiência de poder, de vantagem estrutural do branco, tanto simbólica quanto material. No plano simbólico, os traços que dimensionam a brancura, como pele clara, cabelos lisos e traços próximos aos do europeu, tornaram-se "o padrão de beleza", fazendo do corpo branco ocidental objeto de desejo universal[50].

De acordo com Lia Vainer Schucman[51], no imaginário social, uma superioridade moral e intelectual é atribuída com frequência ao branco, o que lhe confere privilégios simbólicos. Esses privilégios abrangem a segurança de trânsito em espaços públicos e privados, a confiança nas transações financeiras e no uso do dinheiro, a confiança das autoridades[52], de maneira que o lugar de poder da branquitude se estenderia à dimensão material. Porém, a branquitude não envolveria apenas a ocupação do lugar de poder branco, mas alcançaria um aspecto da consciência do sujeito que usufrui desse legado. Para Frankenberg, a branquitude é um constructo que tenta destituir o branco da racialidade, ou seja, esvazia a denominação "branco" de seu sentido racial, atribuindo-lhe universalidade. Nesse sentido, a pessoa branca seria o modelo universal de ser humano. A autora afirma que a branquitude buscaria se resguardar de críticas, a partir de uma suposta invisibilidade, outorgando à categoria de branco um significado atrelado à ideia de norma e nacionalidade, e não de raça. É como se a ideia de raça fosse apenas um atributo dos outros, supostamente distantes do padrão (branco) de humanidade. Consequentemente, o sujeito branco não se perceberia como alguém que compreende a realidade a partir da perspectiva da branquitude, isto é, nem sempre teria consciência de que a experiência vivenciada pela ocupação desse lugar de poder influenciaria o seu olhar, pois a identidade branca tende a ser vista como sinônimo de humanidade.

Frankenberg aponta como os brancos oscilam entre a ausência de percepção da branquitude e a consciência dela. A autora resgata sua própria trajetória, marcada pela transição da inconsciência da branquitude – na falta de reconhecimento de como seu pertencimento influencia a sua percepção da realidade – para um despertar da consciência acerca do racismo, e de como seu pertencimento exerceria influência sobre seu olhar.

Essa transição experienciada por brancos foi retratada por mim[53], na investigação dos fatores que levaram docentes percebidos como brancos a se envolverem com a educação das relações étnico-raciais. Na pesquisa, demonstrou-se como esses sujeitos vivenciaram, em suas trajetórias, momentos de dificuldade, tanto para se dar conta do racismo quanto para reconhecer a influência da branquitude, na percepção de que sua forma de ver o mundo não partia de uma posição racialmente neutra. Dadas as características democráticas de suas personalidades e a partir de experiências de companheirismo e amizade com pessoas negras, passaram a perceber, com maior acuidade, a existência de racismo, bem como em que medida o fato de vivenciarem a experiência de poder da branquitude lhes dificultava apreender a estrutura da desigualdade racial.

Para ilustrar esse processo do sujeito branco percebendo-se como racializado, Edith Piza[54] emprega a metáfora do indivíduo chocando-se contra uma porta de vidro. A partir da ilustração da autora, pode-se depreender que, embora a porta de vidro esteja entre o mundo externo e o sujeito, ela nem sempre é percebida pelo indivíduo que vivencia a branquitude, apesar da presença dos contornos da fechadura, que seriam indícios de que o vidro – percepção afetada pela branquitude – não compreenderia propriamente a realidade, mas se constituiria como barreira entre o sujeito e a apreensão dela, mantendo-o fechado em seu mundo.

Assim como a porta de vidro, a branquitude nem sempre é percebida pelo indivíduo, apesar de se interpor entre a forma como o sujeito compreende as relações raciais e sua própria experiência. Piza considera que a tomada de consciência sobre como a racialidade afeta a vida do sujeito percebido como branco é uma experiência semelhante ao acidente de bater contra uma porta de vidro, gerando no sujeito surpresa, dor, vergonha e indignação por não perceber a realidade, mesmo diante dos indícios dela.

Sendo assim, a branquitude envolve um fenômeno em parte inconsciente, que implica o fato de o sujeito beneficiário do poder branco não perceber que, muitas vezes, pode ter desenvolvido um olhar parcial da realidade, em decorrência de suas experiências pessoais privilegiadas em relação ao aspecto racial. Isso não significa afirmar que os brancos não se veriam como tais, ou que não reconheçam seus privilégios – apesar de tendências de negação atribuídas à meritocracia –, mas sim que não perceberiam quanto isso afeta o olhar sobre o outro e a realidade.

Para Maria Aparecida da Silva Bento[55], no discurso das pessoas brancas não haveria a negação das desigualdades raciais, mas a ausência do reconhecimento de que tais desigualdades decorreriam da discriminação racial, sendo compreendidas como oriundas de outros fatores, principalmente os relacionados às classes sociais. A autora aponta que, apesar de pessoas brancas dificilmente admitirem a discriminação racial, terminam por reconhecer que ser branco é algo positivo e vantajoso, ao mesmo tempo que reconhecem as desvantagens do indivíduo negro. Bento indica que, na ótica influenciada pela branquitude, o racismo seria considerado como um problema do negro, quando não inventado por ele. Pois se à luz da branquitude a raça seria um atributo dos negros, logo o racismo seria um problema relacionado apenas a eles, que influenciaria e modelaria apenas a experiência desses sujeitos – quando, na verdade, o que ocorre é que a hierarquização racial termina por influenciar a experiência de todos, uma vez que seu "legado" se faz presente no conjunto do tecido social.

Conforme observei num estudo, não se pode deixar de apontar que, na realidade, os privilégios que a experiência da branquitude muitas vezes possibilitam aos sujeitos são, na verdade, direitos de cidadania, isto é, algo que deveria ser direito de todos. O direito de ser respeitado, de não ser visto com desconfiança, de ter acesso a oportunidades, não deve se restringir aos indivíduos percebidos como brancos. Ora, quando a cidadania é tomada como privilégio, isto é, se os direitos são vistos como privilégios em uma sociedade, há uma deturpação da noção de direito. O direito tem que ser de todos, caso contrário haverá um deslizamento entre a noção de direito e a de privilégio. Nessa perspectiva, os direitos – vistos como privilégios – são naturalizados apenas entre os indivíduos brancos, porque, numa sociedade marcada por um imaginário racial decorrente do colonialismo, apenas eles seriam vistos, de fato, como seres humanos, sendo os demais indivíduos de raças inferiores, que não teriam alcançado o ápice branco do aprimoramento da espécie.

2.1. Branquitude no Brasil: embranquecimento e liminaridade do "mestiço"

No contexto dos Estados Unidos, berço dos estudos críticos da branquitude, o lugar de poder da branquitude é associado aos brancos. No Brasil essa premissa é questionável, visto que a constituição do imaginário que atribui superioridade à brancura obedeceu a um processo diferente do ocorrido naquele país, e a própria classificação de branco na sociedade brasileira apresenta uma complexidade que difere muito daquela tipicamente norte-americana.

Laura Brylowski[56], pesquisadora estadunidense, localiza as diferenças existentes na constituição da branquitude de ambos os países. A autora aponta que, enquanto a branquitude nos Estados Unidos encontra-se ancorada na ideia de supremacia branca, nas políticas de segregação racial e no discurso da constituição de uma identidade nacional branca, no Brasil o lugar da branquitude forma-se a partir de um ideal de embranquecimento, nas políticas de imigração europeia e no discurso da identidade nacional mestiça.

Nesse sentido, a tônica da mestiçagem é o ingrediente indispensável para a compreensão das relações raciais e da branquitude no contexto brasileiro, pois enquanto nos Estados Unidos a situação da população parece girar em torno de suposta pureza racial do branco e da divisão da sociedade em raças estanques, no Brasil o que ocorre é a mistura e a diluição das identidades. É a concentração de traços fenotípicos que permite a categorização de um indivíduo como branco ou não, sendo que essa percepção ainda recebe influência da região ou estado no qual o indivíduo se encontra, e ainda da classe social à qual pertence, pois "a concepção de branco e não branco varia, no Brasil, em função do grau de mestiçagem, de indivíduo para indivíduo, de classe para classe, de região para região"[57: 294].

Oracy Nogueira[57] afirma que no Brasil observa-se um preconceito racial de marca, tendo em vista que a categorização dos sujeitos encontra-se baseada numa regra de aparência racial, a qual, por sua vez, não se fundamenta apenas no fenótipo, mas também em outros fatores de compensação de status, independentemente da ascendência racial.

Segundo Nogueira, nos Estados Unidos existe preconceito racial de origem, pois a regra de classificação racial está baseada na ascendência do sujeito, no genótipo. Assim, para que um indivíduo seja classificado como branco, ele necessita apresentar ascendência somente europeia. Desse modo, ainda que um sujeito apresente pele branca, traços próximos aos do branco europeu e cabelos e olhos claros, mas tenha algum parente negro, assim ele será considerado. Porém, no Brasil, como a classificação racial encontra-se em parte apoiada no fenótipo, os sujeitos evidentemente mestiços ocupam outra posição, devido à possibilidade de branqueamento, ideal presente no pensamento racial brasileiro.

Munanga, ao examinar o ideal de branqueamento no início do século XX, ou seja, no período pós-abolição, resgata o pensamento do sociólogo brasileiro Francisco José de Oliveira Viana (1883-1951), que retratava o mestiço como produto histórico dos latifúndios, o qual buscava posição na sociedade colonial que se distanciasse do índio e do negro, sendo recrutado pelos senhores para perseguição a esses grupos – para combater quilombos, a serviço dos bandeirantes, ou ainda como capitão do mato em busca de escravizados foragidos. Na ótica de Oliveira Viana, interessava ao senhor a preservação do mestiço, o que não significava inexistência de preconceito e estereótipos, tendo em vista que a superioridade intelectual e moral da época vinculava-se à ascendência europeia pretensamente sem mesclas. Para o sociólogo, o aumento na dose de sangue ariano no mestiço era fator positivo, pois concederia a ele os atributos do europeu. Ele acreditava numa espécie de tipologia do mestiço, de acordo com a qual existiria o inferior e o superior. Embora os dois grupos fossem um produto do cruzamento entre branco e negro, o tipo superior seria resultante da mistura entre um branco e um negro do tipo superior.

Segundo esse autor, o "mestiço superior" se aproximaria da raça branca devido à pele, à moralidade e à inteligência, e por isso tenderia a embranquecer, fosse pela posse de terra, por meio do partidarismo – como no caso do engajamento nas expedições dos bandeirantes –, fosse pelo casamento inter-racial possibilitado pelo acesso à academia e ao título de "doutor", de forma a incorporar-se à aristocracia pela proximidade de caráter, conduta e, sobretudo, cor. Munanga ressalta que a maioria dos mestiços libertos eram filhos de senhores donos de terras, o que conferia aos pais poder para influir na sociedade de forma a beneficiar os filhos mestiços, apesar de os filhos brancos frequentemente usufruírem de posição superior – embora seja importante observar que muitos dos filhos considerados brancos fossem, na realidade, mestiços, que não eram classificados dessa forma em função do embranquecimento social propiciado por terem sido concebidos dentro do sacramento católico, ou seja, segundo as normas da Coroa.

Nesse ponto, cabe resgatar a possibilidade de negociação das identidades raciais no Brasil, devido ao ideal de branqueamento difundido ao longo do século XIX, diante do medo de degeneração cuja causa seria o mestiço. O alcance de algum nível de branqueamento é uma possibilidade no país, por meio do fenótipo e de outros mecanismos de compensação de status. Portanto, no Brasil não existe uma linha de cor intransponível, mas uma zona intermediária, na qual sujeitos evidentemente mestiços com traços europeus, ou com traços negros que até certo ponto se mostrem disfarçáveis, podem ser identificados como brancos em alguma medida, ou usufruir de privilégios quando comparados aos mais negros, sobretudo se portarem diploma de curso superior e pertencerem à classe média ou alta[58], o que não significa inexistência de preconceito contra esses indivíduos, que se encontrariam num espectro intermediário.

A pesquisa de Joyce Souza Lopes[59] evidencia o paradoxo vivenciado no Brasil pelos mestiços. A autora, de aparência mestiça clara, narra sua própria experiência – a dualidade de poder ser categorizada tanto como branca quanto como negra pela falta de nitidez de seu pertencimento racial, e o questionamento de sua identidade conforme a região do país em que se encontrava. Nesse sentido, afirma a possibilidade de o indivíduo nessa posição assumir a identidade que lhe parecer mais estratégica, sendo mais confortável a de branca.

Residente no bairro mais negro de Salvador, Lopes afirma ter vivenciado privilégios na infância e na adolescência por apresentar pele mais clara que a das demais meninas de sua idade. Entre seus privilégios, a autora cita o fato de as pessoas demonstrarem cuidado maior com ela, manifestado na precaução de nunca deixá-la andar sozinha na rua – pois sempre alguém se sentia na obrigação de acompanhá-la –, e a preocupação dos anfitriões das festas em verificar se havia sido bem tratada. Relata também o protagonismo outorgado a ela em concursos e festas, quando, por exemplo, na ocasião em que foi eleita rainha de uma festa junina, enquanto suas amigas de pele mais escura nem chegaram a ser cogitadas. Tais episódios reforçaram sua busca por embranquecimento, expressa no repúdio aos seus cabelos crespos e na tentativa de alisá-los e clareá-los.

Lopes reconhece, assim, que a aparência de mestiça clara tem valor de brancura, de acordo com a situação social e a região do país na qual a pessoa se encontra. Nesse sentido, pode-se inferir que, se a pessoa recebe vantagens em função dessa brancura relativa, termina por usufruir de determinado grau de privilégio simbólico. Porém, a autora reconhece que se sentiu inferiorizada apenas quando iniciou graduação em faculdade privada e elitizada, majoritariamente frequentada por indivíduos mais brancos, pertencentes à elite da cidade, que não a tratavam como branca, mas como negra. Esse tratamento a surpreendeu de tal maneira que a fez abandonar o curso. Segundo Lopes, sua identidade como negra foi fortalecida apenas anos mais tarde, quando se mudou para o Rio Grande do Sul (onde 83,2% se autodeclaram brancos) e foi recebida como uma igual por um movimento social negro daquele estado, o que ilustra as possibilidades distintas de reconhecimento e trânsito quanto à categorização racial na sociedade brasileira.

De acordo com Munanga, a possibilidade de embranquecimento e a ambiguidade entre cor e classe social constituem os mecanismos de ascensão individual dos sujeitos cuja mestiçagem se mostra mais evidente. Entretanto, o autor afirma que a aspiração à miscigenação no Brasil é expressão da discriminação racial, por se constituir num meio de obter o clareamento e ao mesmo tempo ser "integradora", concebida como forma de evitar a separação racial entre brancos e negros.

Para Munanga, a possibilidade de o mestiço ascender relativamente ao poder branco, além de abrandar possíveis conflitos, mostrou-se como promissora via em que se vislumbram os benefícios reservados a brancos. Se por um lado a elite branca ganhou tranquilidade na manutenção de seu poder, por outro, boa parte dos sujeitos não percebidos como brancos sentiu-se menos inferiorizada, uma vez que passou a ver no branqueamento a possibilidade de integração e superação de entraves. Munanga, nesse sentido, pondera:

> Por isso, vejo difícil a tomada de consciência ao nível grupal dos diversos mestiços (mamelucos, mulatos e outros) para se autoproclamarem como povo brasileiro, com identidade própria, mestiça. Esse processo teria sido prejudicado pela ideologia e pelo ideal do branqueamento. Se todos (salvo

as minorias étnicas indígenas), negros, mestiços, pardos – aspiram à brancura para fugir das barreiras raciais que impedem sua ascensão socioeconômica e política, como entender que possam construir uma identidade mestiça quando o ideal de todos é branquear cada vez mais para passar à categoria branca?[11: 108]

Ao passo que o branqueamento é uma possibilidade para alguém, pois lhe outorgará privilégios, o racismo acabou incidindo com mais intensidade sobre o indivíduo com traços negros não disfarçáveis. Muitas pessoas aparentemente brancas no Brasil carregam genes africanos, e por isso podem afirmar-se como afrodescendentes. Nesse sentido, as categorias raciais no país não são pretensamente biológicas, pois, embora o fenótipo constitua forte marcador, o conceito racial é etnossemântico, ideológico e político. Por isso, afirmar-se negro num país que idealiza e apresenta o branqueamento como possibilidade, constitui, em si, verdadeira opção política[60]. Conforme salienta Liv Sovik[61], embora seja possível afirmar que do ponto de vista genético a mestiçagem é uma realidade universal, na prática social nem todos são percebidos como mestiços. De acordo com essa autora, muitos deles exercem o papel de brancos no cotidiano brasileiro, inclusive vários que poderiam ser percebidos como mestiços, mas que, devido ao branqueamento estético ou socioeconômico, podem exercer o papel da brancura.

2.2. O desejo de embranquecer ou o medo de enegrecer

Não é intenção deste livro negar que indivíduos possam ser identificados como brancos no Brasil, tampouco negar o preconceito, tendo em vista que a própria idealização de branqueamento constitui demarcador de racismo, tal como salientado por Sovik[62]. Contudo, como já vimos e agora reiteramos, justamente pela possibilidade de branqueamento e de suas implicações, é importante ressaltar que, para além dos sujeitos cuja brancura é saliente, outros indivíduos com traços de mestiçagem mais evidentes, inseridos no intervalo entre o branco e o negro, que apresentem traços ou características ascendentes de brancura, podem usufruir de privilégio racial e reconhecimento social, conforme a região e o contexto em que se encontram.

Nessa perspectiva, Schucman demonstrou, a partir das falas de paulistanos percebidos como brancos, que muitas vezes a cor da pele não é critério imprescindível para a demarcação da brancura, mas sim um conjunto de traços categorizados como oriundos do branco:

> Nota-se também nos entrevistados uma grande ambiguidade no tocante à cor da pele. O que está em jogo não é a cor da pele, mas sim a ideia de raça colada a ela. Os padrões estéticos dos entrevistados não remetem à tonalidade de cor da pele, mas sim a traços, feições e cabelo, que aparecem nas falas como relacionados ao que os entrevistados nomearam como brancos, independentemente das diferentes tonalidades da brancura dos sujeitos.[51: 70]

É preciso observar que a percepção de um sujeito como branco não se resume à tonalidade de sua pele, mas inclui a apresentação de um conjunto de características – fenotípicas e sociais –, entre as quais a tonalidade da pele constitui um de seus elementos, admitindo ampla variação de nuances na caracterização de um indivíduo como branco, mediante a presença de outros elementos que permitam evidenciar a brancura. Patamar que pode ser alcançado pelo embranquecimento, em alguma medida, por uma variedade de sujeitos cuja mestiçagem se mostre mais evidente.

Para além da questão de que o branqueamento possibilita o usufruto de privilégios por um leque maior de indivíduos, já que estão mais próximos do intervalo da brancura, o ideal de branquear-se acaba impondo pressões e contradições não apenas ao cotidiano dos sujeitos com mais traços mestiços, mas também no que diz respeito aos indivíduos que costumam ser comumente percebidos como brancos. Bento[63] compreende o branqueamento como um problema que alcança os brasileiros de forma geral, pois, se o sujeito tido como negro se sente desconfortável, o brasileiro costumeiramente percebido como branco, por sua vez, almeja alcançar o padrão da brancura caucasiana ou ariana europeia e norte-americana.

Não se pode deixar de mencionar, conforme salientado por Munanga, que Oliveira Viana acreditava que no Brasil, devido à miscigenação, existiriam dois tipos de branco: o branco puro, determinado pelo genótipo, e o branco aparente, determinado pelo fenótipo, que seria o mestiço de aparência ariana.

Alberto Guerreiro Ramos, ao analisar a realidade racial do país, aponta para o desenvolvimento de uma patologia social no brasileiro, relacionada à vergonha da condição racial. Patologia que se daria pelo fato de que a ideologia dominante elege a estética social como branca, embora o povo brasileiro seja marcado pela miscigenação e não demonstre ascendência "puramente" europeia. O autor, partindo do reconhecimento de que essa patologia se estenderia a todos, debruçou-se sobre o estudo do branco brasileiro, que, sob a ótica antropológica, seria um mestiço, pois a maioria dos que são considerados brancos apresenta, em alguma medida, "sangue negro".

> Esta patologia consiste em que, no Brasil, principalmente naquelas regiões [*Norte e Nordeste*], as pessoas de pigmentação mais clara tendem a manifestar, em sua autoavaliação estética, um protesto contra si próprias, contra a sua condição étnica objetiva. E é este desequilíbrio na autoestimação, verdadeiramente coletivo no Brasil, que considero patológico. Na verdade, afeta brasileiros escuros e claros, mas, para obter alguns resultados terapêuticos, considerei, aqui, especialmente, os brasileiros claros.[49: 222]

De acordo com Guerreiro Ramos, a patologia social do branco brasileiro consistiria num sentimento de desajuste, de constrangimento quanto à impureza da raça que acometeria os brancos do Norte e do Nordeste, os quais tenderiam a disfarçar sua condição, valendo-se de estratégias para camuflar as origens negras, buscando uma aproximação com a estética e a cultura europeias. Na ótica do autor, este seria o motivo de grande parte da produção escrita sobre o negro originar-se no Nordeste, como a de Nina Rodrigues, Sylvio Romero, Arthur Ramos (que cunhou o termo "democracia racial"), Gilberto Freyre, entre outros, cujas obras tenderiam a acentuar suposto distanciamento entre esses intelectuais e a população negra ou afroascendente, num movimento que o autor classificou como "protesto racial de uma minoria interiormente inferiorizada"[49: 226].

Para Guerreiro Ramos, aquilo que é comumente chamado de "problema do negro" seria reflexo da patologia social do sujeito visto como branco brasileiro, que não se percebe como mestiço e que não admite o questionamento de sua brancura. Segundo Lourenço Cardoso[64], a gênese dos conflitos que circundam o branco brasileiro advém do fato de o país ter sido colonizado por portugueses, povo que, por ter se miscigenado com judeus, mouros e ciganos, seria considerado pelos ingleses como o menos branco da Europa, degradado por conta dessa mistura. Segundo o autor, o empreendimento colonial auxiliou o português a se firmar como branco, devido ao seu domínio sobre indígenas e africanos. Para Cardoso, uma vez que no Brasil grande parte dos classificados como brancos descende desde portugueses – brancos tidos como menos brancos –, até de povos não brancos, como africanos e indígenas, a aspiração ao branqueamento integra, também, o desejo desses sujeitos como estratégia para alcançar um patamar superior dentro do amplo espectro de brancura.

No estudo que empreendi foi possível constatar que, mesmo em meios familiares de educadores percebidos como brancos envolvidos na luta contra o racismo, que conviviam ou até mesmo eram afroascendentes, o preconceito racial acabava por emergir diante do medo da miscigenação. A mera possibilidade de um membro da família se relacionar amorosamente com uma pessoa vista como negra, e gerar descendentes que pudessem apresentar menos traços de brancura (ou mais traços negros), fazia emergir o preconceito, refletindo o temor da perda da brancura alcançada.

Porém, tendo em vista que no Brasil o preconceito racial é marcado pelo aspecto estético, pela possibilidade de branqueamento, há que se reconhecer que há pessoas mais negras que buscam matrimônio com pessoas mais claras, o que revela a internalização do ideal de europeização e a expectativa de que os traços associados à brancura se manifestem em seus descendentes. Se o desejo de branqueamento afeta pessoas mais negras, mestiças claras e brancas, o medo de perder as características da brancura adquiridas, como passaporte para a identificação como branco, não se circunscreve apenas aos sujeitos percebidos como brancos, mas também àqueles cuja mestiçagem se mostra mais evidente. Se no Brasil o preconceito de marca permite laços de amizade, admiração, simpatia e solidariedade, o mesmo não ocorre quando se trata de casamento inter-racial. O preconceito emerge em decorrência da possibilidade de uma pessoa negra passar a integrar a intimidade da família[65], o que representa uma ameaça à relativa brancura por vezes conquistada.

Em síntese, no Brasil, "branco" é categoria apoiada no fenótipo, porém não unicamente, sendo importante ressaltar que "ser branco não exclui ter 'sangue negro'"[62:366]. Pela fluidez da categorização racial, pessoas com traços negros menos evidentes podem ser integradas ao rol da brancura, o que varia conforme a região do país, pois "no Brasil o negro é mais negro nas regiões onde os brancos são maioria, e é mais claro nas regiões onde os brancos são minoria"[49: 225].

Sendo assim, a experiência da branquitude e o privilégio a ela associado podem ser vivenciados por pessoas de ascendência predominantemente europeia, por indivíduos classificados como brancos em razão da aparência fenotípica (apesar de apresentarem ancestralidade negra), por sujeitos de pele clara, com traços negros disfarçáveis, e por pessoas de tez nem sempre tão clara, mas com traços próximos ao fenótipo europeu, sobretudo se pertencerem às classes mais abastadas. O que não significa negar a existência de hierarquias ou afirmar que todos gozariam dos mesmos privilégios, mas que, ao serem "percebidos" como mais claros em relação aos outros, se beneficiariam de concessões e vantagens e, por isso, de algum grau de branquitude. Desse modo, o privilégio da branquitude no Brasil não afetaria apenas sujeitos sempre percebidos como brancos, mas todos aqueles que de alguma forma possuem vantagens relacionadas à posição racial em que se encontram, numa imbricação ascendente com a brancura, com privilégios gradativos, conforme sua posição na escala hierárquica racial, muitas vezes entrelaçada com a classe e a cultura.

Em síntese, a branquitude brasileira é, por assim dizer, a de sujeitos branquíssimos, brancos, encardidos, conforme salientado por Schucman em seu estudo sobre a branquitude paulistana, mas também de indivíduos quase brancos, morenos claros e morenos, "mestiços", como se fosse, de acordo com o grau de evidência de traços europeus, posição econômica e padrão cultural. Vê-se, assim, a branquitude como uma experiência de privilégios raciais, distribuída conforme a maneira como os sujeitos são percebidos.

Notas

a. No contexto brasileiro, o conceito de branquitude passou a ser investigado a partir da pesquisa "A força psicológica do legado do branqueamento – Um estudo sobre a negritude em São Paulo", coordenada por Iray Carone, entre 1992 e 1996, no Instituto de Psicologia da USP, que resultou na obra *Psicologia social do racismo: estudos sobre branquitude e branqueamento no Brasil*. Após a publicação de Carone e Bento, o livro *Branquidade: identidade branca e multiculturalismo*, organizado por Ware, foi editado no Brasil. Nessa coletânea, o termo *whiteness* foi traduzido como "branquidade", apesar de ter sido introduzido anteriormente no Brasil como "branquitude" por Carone e Bento. Sendo assim, o termo "branquidade", que aparece na obra de Ware, exprime o mesmo sentido de branquitude, conforme empregado por Bento e na maioria das pesquisas posteriores sobre o tema. Contudo, Edith Piza[66] chegou a defender que branquidade e branquitude não poderiam ser empregadas como sinônimas, mas que haveria uma diferença conceitual entre os termos. Para a autora, a branquidade se referiria ao discurso que coopera para a suposta neutralidade racial do grupo branco, vinculada à hegemonia branca, enquanto o termo branquitude deveria ser empregado em oposição a branquidade, como posicionamento dos brancos que questionam o racismo e negam a suposta legitimidade do poder branco. Porém, essa distinção sugerida por Piza não chegou a ser adotada na maior parte das pesquisas no Brasil. Dessa forma, neste trabalho optou-se por empregar o termo branquitude como tradução de *whiteness*, seguindo a tendência dos principais estudos brasileiros sobre o tema, conforme Carone e Bento, Sovik, Cardoso[67], Schucman, Passos[68] e Muller e Cardoso[69].

b. O excerto compreende uma transcrição literal do artigo de Frankenberg (2004). Contudo, apesar da tradução, o termo "branquidade" nessa coletânea apresenta o mesmo sentido de "branquitude" (ver nota anterior).

Homem mulato com arma e espada debaixo de um mamoeiro, de Albert Eckhout, século XVII. Acervo do Museu Nacional da Dinamarca.

3. PARDO: UM LUGAR INCERTO

No Brasil, a fluidez e a ambiguidade acompanham não apenas a forma como os outros percebem racialmente um indivíduo, mas também a maneira como uma pessoa percebe a si mesma, sobretudo quando se trata de sujeitos evidentemente mestiços, muitas vezes classificados como pardos. Pesquisa anterior[70] demonstrou como eles podem ser percebidos como mais próximos ao branco, e assim ocupar um lugar de "brancos menos brancos" ou de "pardos quase brancos" na hierarquização racial, ou ainda ser vistos como mais próximos ao negro, como "pardos quase negros" e até mesmo "negros menos negros". Nesse sentido, a incerteza que caracteriza a maneira como são vistos acaba refletindo na forma como eles percebem a si próprios.

De forma geral, é importante reconhecer que a dúvida tende a acompanhar o processo de autoclassificação, sobretudo devido aos diferentes aspectos que influenciam a categorização racial no Brasil. Como exemplo, na pesquisa que realizei[a], a primeira pergunta dirigida aos participantes era como se classificavam em termos raciais. Tratava-se de pergunta aberta, sem opções prévias, de forma que poderiam classificar-se empregando o termo que quisessem. Contudo, apesar da ausência da opção de categoria racial, todos mencionaram as adotadas pelos órgãos oficiais, usadas pelo IBGE, o que ficou evidente, sobretudo, no emprego do termo "pardo", classificação que foi lembrada espontaneamente pelos sujeitos, embora todos tenham demonstrado certa hesitação. Apesar do uso das categorias oficiais, as respostas dos participantes refletiram, principalmente, as nuances e as contradições que marcam as relações e as classificações raciais no país.

No que se refere aos sujeitos que se classificaram como brancos na referida pesquisa, a maioria apresentava pele muito clara, numa combinação com olhos ou cabelos claros, lisos ou cacheados, tratando-se de conjunto de traços fenotípicos que lhes permitia serem reconhecidos como brancos na maioria dos espaços em que circulavam. Um dos participantes da pesquisa, que se classificou como branco (tinha pele clara, olhos e cabelos castanhos e lisos), fez questão de ressaltar a mistura racial em sua família, pois, segundo a história que lhe foi transmitida por seus familiares, um de seus bisavôs seria um bandeirante, e sua bisavó, uma indígena.

É interessante notar que a autoclassificação desse sujeito não carregava a mesma segurança demonstrada pelos demais participantes que se percebiam como brancos, devido ao reconhecimento da mestiçagem em sua família, o que, por sua vez, reflete a hierarquia entre as pessoas tidas como brancas, conforme demonstrado por Schucman, baseada nas ideias de "pureza" e "mistura" racial. Posteriormente, o referido entrevistado passou a se classificar como pardo, mudança que evidencia a relativa fluidez da categorização racial de um indivíduo no Brasil.

Entre os demais participantes que se categorizaram como pardos, as ambiguidades foram ainda mais complexas. Todos reconheciam a miscigenação em suas famílias e apresentavam tom de pele semelhante, contrastado com cabelos crespos, cacheados ou lisos. Porém, apesar das similaridades, enquanto alguns se identificavam como negros, mantendo em sua fala uma constante aproximação com esse grupo racial, outros se distanciavam significativamente, evidenciando não se identificar com a negritude, afirmando-se, inclusive, mais próximos do branco.

Em relação aos participantes que se declararam pardos, mas que não se viam como negros, com frequência referiam-se à população negra como um grupo do qual não fariam parte. Sua referência era sua pele mais clara em relação aos parentes negros, chegando a relatar, inclusive, serem percebidos como brancos em determinados contextos, como se vivenciassem a experiência de "pardos quase brancos".

Por outro lado, os demais sujeitos que se declararam pardos e se identificavam como negros residiam em regiões periféricas e tinham irmãos brancos ou mais claros, o que influenciava o reconhecimento de si mesmos como mais próximos da identidade racial negra. Contudo, é interessante observar que esses sujeitos, "pardos quase negros", afirmavam usufruir de determinados privilégios em relação aos negros mais escuros, o que os impediria de se classificar como pretos, justamente por não serem "tão negros" quanto outros.

Assim como o indivíduo "pardo quase branco" demonstra insegurança em se declarar branco ou pardo, o sujeito que vivencia a experiência de "pardo quase negro" lida com a dificuldade de se declarar pardo, preto ou negro. O "pardo quase branco", pelo fato de a miscigenação não lhe ter propiciado embranquecimento suficiente a ponto de se sentir autorizado a se declarar branco (embora ele possa se categorizar como tal quando comparado às pessoas percebidas como negras). O "pardo quase negro", pela evidência de miscigenação ter diluído sua indubitável negrura. Portanto, a miscigenação e o ideal de branqueamento terminam por gerar desconfortos para os sujeitos, estejam eles mais próximos do polo branco ou do negro.

Dessa forma, todos os sujeitos que se classificaram como pardos indicaram que essa categoria representaria um "meio-termo" entre o branco e o negro. Vê-se, assim, que a classificação de pardo pode ser adotada como nomeação que não pertence necessariamente ao grupo negro, mas sim como parte de uma zona intermediária entre o branco e o negro em que, conforme o contexto e as condições de vida, os sujeitos podem se identificar com a branquitude, usufruindo de determinados privilégios relativos que os impelem a conceber o racismo como um problema do outro, do negro, ou ainda padecer a dolorida trajetória de se identificar como negro, nem sempre com a garantia de ser reconhecido no cotidiano como parte desse grupo.

Nesse ponto, é importante lembrar mais uma vez que o termo pardo é uma das cinco categorias do atual sistema brasileiro oficial de classificação de cor ou raça, como o utilizado pelo IBGE. A esse respeito, Edith Piza e Fúlvia Rosemberg[71] evidenciam que os censos nacionais sempre tiveram dificuldade de tratar do quesito "cor ou raça", em decorrência do *continuum* de cor que caracteriza o país, tendo em vista a existência de muitas classificações que emergem nas perguntas espontâneas, que nem sempre correspondem às opções propostas pelo censo.

Desde o primeiro censo realizado no Brasil, a categoria pardo mantém um significado relacionado à mestiçagem.

Piza e Rosemberg destacam que, no censo de 1872, o termo pardo foi empregado para classificar o indivíduo proveniente da miscigenação entre branco e preto, de maneira que no censo seguinte, de 1890, a categoria não chegou a ser empregada, sendo substituída pelo termo "mestiço". Em 1940, o termo pardo retornou, de forma que o censo de 1950 indicava que essa expressão deveria incluir desde mestiços (mulatos, caboclos e cafuzos) até indígenas. Na atualidade, a categoria pardo tem sido adotada pelo censo para fazer referência à miscigenação de preto ou indígena com qualquer outro grupo racial[72].

Pode-se afirmar que o termo pardo seria uma classificação voltada ao sujeito evidentemente mestiço, o qual, muitas vezes, apresentaria incerteza quanto à sua classificação. Embora o termo seja tomado por boa parte dos pesquisadores brasileiros como constituinte do grupo negro, em função de fazer referência a uma parcela da população considerada como "não branca", o termo também pode significar "não negro" para parte das pessoas que o usam, por entenderem tratar-se de opção intermediária. Essa observação é importante, tendo em vista haver tendência por parte de pesquisadores e de alguns movimentos sociais a substituir as categorias de preto e pardo pelo termo negro, embora a classificação de pardo nem sempre seja compreendida dessa forma pelos sujeitos que se valem dela.

3.1. Privilégio e preconceito: uma experiência ambígua

As pessoas evidentemente mestiças tendem a ter uma experiência ambígua no Brasil, pois, embora os sujeitos percebidos no cotidiano como "menos brancos" ou "menos negros" passem por situações de preconceito racial, contraditoriamente, por vezes também vivenciam algum grau de branquitude, de acordo com o contexto e a forma como são interpretados racialmente.

Por um lado, não é incomum que pessoas que se declarem pardas (mas que são percebidas como quase brancas) indiquem não sofrer discriminação racial, justamente por serem, na maior parte das vezes, percebidas como brancas, ou, ainda, como mais próximas a esse pertencimento, o que confere ambiguidade às suas identidades raciais, em razão dos privilégios que usufruem. Suas características brancas não permitem que assumam uma identidade negra, ao mesmo tempo que seus traços negros ou indígenas não lhes permitem o reconhecimento invariável como brancas – o que torna fluida sua categorização racial, já que apresentam, ao mesmo tempo, traços de distintos pertencimentos, numa posição evidentemente mestiça, que, no caso delas, tende a guardar maior proximidade com a identidade branca.

Por outro lado, os sujeitos que se declaram pardos, mas que tendem a se identificar como negros, afirmam sofrer preconceito racial, por vezes de forma concomitante ao usufruto de privilégios relativos, por serem percebidos como menos negros nos espaços em que circulam. Privilégios que ocorrem porque sua negrura se mostra mais tênue quando comparada à de outros indivíduos percebidos como mais negros, uma vez que a classificação racial, no cotidiano, envolve alguma referência, no sentido de ser percebido como mais claro ou mais escuro em relação a alguém. Referencial que varia constantemente, devido às nuances constituídas pelos traços fenotípicos e pelos mecanismos sociais de embranquecimento no Brasil.

Na pesquisa que realizei, os sujeitos "pardos quase negros" afirmaram que, durante a Educação Básica, por vezes deparavam com situações de preconceito racial, mas que os colegas mais negros da turma é que seriam o maior foco da discriminação. De forma semelhante, disseram-se privilegiados em determinados locais, nos quais havia pessoas mais negras do que eles, e como se tornaram o foco de preconceito e discriminação racial quando se encontravam em um contexto no qual seriam percebidos como mais escuros, em virtude de os demais presentes serem vistos como mais brancos que eles.

Afirmaram também que as ofensas raciais mais agressivas costumam ser direcionadas a pessoas mais negras, enquanto há o emprego de termos mais brandos para fazer referência aos negros de pele clara – ou sujeitos menos negros. Os participantes afirmaram que indivíduos que podem ser considerados negros, mas de pele clara, usufruem de vantagens relativas ao mesmo tempo que vivenciam o preconceito racial, o que gera contradições e conflitos, pois o reconhecimento de seu pertencimento racial e consequente tratamento dependem do contexto no qual se encontram.

Por isso, conflitos e dúvidas podem acompanhar sujeitos "pardos quase negros" desde a infância, pois ao mesmo tempo que são preferidos em relação aos sujeitos mais negros, podem também, conforme o contexto, tornar-se vítimas de racismo implícito.

Devido à experiência ambígua de vivenciar tanto o racismo velado quanto a relativa naturalidade ao transitar por determinados contextos, o sujeito menos negro nem sempre percebe a natureza das situações de preconceito e discriminação das quais por vezes é vítima, o que termina por gerar conflitos internos.

Assim, o mestiço experimenta o conflito de ora ser aceito, ora ser rechaçado, podendo ser rejeitado tanto num ambiente predominantemente branco, que pode considerar seu grau de embranquecimento como insuficiente, quanto num contexto predominantemente negro, pois o branqueamento relativo da pessoa menos negra pode dificultar seu reconhecimento, seja como integrante do grupo negro, seja como também vítima de racismo.

Dessa forma, os sujeitos "pardos quase negros" vivenciam as contradições decorrentes da ausência de nitidez de seu pertencimento racial, que, ao lhe conferir certo grau de branquitude mestiça, acaba dificultando o reconhecimento de seu sofrimento racial. Não se pode deixar de observar que a ausência de reconhecimento da negrura, somada à pressão por embranquecimento na exaltação da brancura relativa, envolve situações que acabam impulsionando a pessoa evidentemente mestiça a tomar o caminho do branqueamento, de maneira a negar a ancestralidade negra ou indígena e usufruir dos privilégios da branquitude, sobretudo diante da ambiguidade vivenciada e das desvantagens impostas aos negros retintos.

Logo, o lugar ocupado pelo mestiço é caracterizado pela contradição, pelo conflito, pelo privilégio relativo e pela angústia, em razão da experiência de aceitação e de invalidação oriunda dos dois lados, "branco" e "negro". O sujeito nessa posição, fluida e limítrofe, tende a ter constantemente sua identidade e experiência postas em xeque, considerando o questionamento de sua brancura ou negrura.

Em resumo, os pardos, quase brancos ou quase negros, podem vivenciar um conflito identitário ao serem ora reconhecidos de uma forma, ora de outra, o que os impede de assumir plenamente uma identidade dentro da lógica dual, por integrarem uma classificação indefinida, ambígua, que transita entre as fronteiras dos diferentes pertencimentos e "polos" raciais, branco e negro, ao mesmo tempo que usufruem de determinados privilégios relativos decorrentes do branqueamento.

O mestiço, pela ambiguidade de sua aparência, vivencia o paradoxo de seguir o ideal branco ou assumir uma identidade negra. Trata-se de um campo de disputa que, em maior parcela, pende para a branquitude. Contudo, a resistência ao branqueamento não implica necessariamente o reconhecimento do indivíduo mestiço como negro, sendo por vezes questionado devido à sua brancura relativa, habitando assim na fronteira, em razão de sua aparência evidentemente mestiça. Portanto, o mestiço continua a vivenciar o embaraço do tecido social, de forma semelhante ao ocorrido no decorrer da história do Brasil. Permanece na contradição, tendo sua identidade realocada a depender do contexto, da percepção do observador e do observado.

Nota

a. A pesquisa integrou os estudos do grupo de pesquisa Multiculturalismo e Educação (CNPq), desenvolvida no Programa de Pós-Graduação da Faculdade de Educação da Universidade de São Paulo, sob a orientação de Mônica do Amaral[73], com o objetivo de compreender o fenômeno da branquitude, tal como ocorre no Brasil, e suas implicações para o âmbito escolar e para a formação de professores. A investigação, que contou com o apoio do Instituto Federal de São Paulo, resultou na tese de doutoramento "Na trama da branquitude mestiça: a formação de professores à luz do letramento racial e os meandros da branquitude brasileira".

Mameluca, de Albert Eckhout, entre 1641 e 1644.
Acervo do Museu Nacional da Dinamarca.

É O QUE NÃO PARECE

A branquitude brasileira é caracterizada por sinuosidade e contradições, em função da realidade da mestiçagem e do ideal de branqueamento, que termina por outorgar privilégios gradativos conforme os indivíduos alcançam o padrão branco, seja por meio do branqueamento estético, seja por meio do branqueamento social. No contexto brasileiro, o branqueamento implica a imposição e a possibilidade, considerando que os indivíduos podem, em alguma medida, tornar-se brancos – ou menos negros –, o que se traduz por relativas vantagens e aceitação social. As categorias raciais no país são fluidas, sendo possível a mesma pessoa ser racialmente percebida de forma diferente conforme a região do país, a situação socioeconômica, os traços fenotípicos, o contexto no qual se encontra e a percepção do observador, o que aumenta a complexidade da questão racial brasileira.

Portanto, pode-se afirmar que no Brasil opera uma branquitude mestiça, tendo em vista que o lugar da branquitude e seu poder podem ser ocupados por sujeitos mestiços, mediante concessões que são conquistadas conforme o grau de branqueamento evidenciado. O que não elimina a existência de hierarquias, mas possibilita a integração relativa dos mestiços, pois, ao serem percebidos como mais próximos do polo branco quando comparados aos sujeitos mais negros, acabam usufruindo de vantagens e, portanto, de algum grau de branquitude.

Na trama da branquitude brasileira, a figura do mestiço ocupa lugar central, tendo em vista que a mestiçagem, como realidade na história do país, sempre despertou um conflito identitário ao denunciar a "impureza" do branco brasileiro e, consequentemente, a incerteza do futuro da nação. Embora transformada em símbolo do imaginário do paraíso racial, a imagem do mestiço, hoje nomeada muitas vezes pela categoria "pardo", seguiu sendo desestabilizada pelo ideal de branqueamento. Por outro lado, não se pode ignorar que a busca por integrar o mestiço ao polo racial negro, dentro da lógica dual, implica uma atenuação de sua figura.

Logo, tanto o embranquecimento quanto o enegrecimento do pardo exprimem processos contraditórios, visto que esse sujeito nem sempre se identifica seguramente como branco ou negro, tampouco tende a ser plenamente percebido dessa maneira no cotidiano. Além disso, não se pode deixar de observar que muitos indígenas e seus descendentes passaram a compor a categoria pardo, seja pela ausência no reconhecimento desses povos nativos, seja pela mestiçagem.

A mestiçagem e o branqueamento acabaram diluindo identidades no Brasil, de forma que se encontra em curso um processo que visa resgatá-las, mas pela via da polarização, na classificação do sujeito como branco ou negro, o que nem sempre corresponde à realidade cotidiana. Dessa maneira, o indivíduo evidentemente mestiço, para o qual muitas vezes resta a categoria de pardo, acaba permanecendo num lugar incerto dentro da lógica dual comumente empregada na compreensão das relações raciais.

Sendo assim, o indivíduo evidentemente mestiço é o sujeito da passagem, que permanece em zona intermediária, fluida, sendo alocado de um lado para o outro na trama racial, de maneira que o pardo pode vivenciar uma experiência ambígua, de acordo com a forma como for percebido, e daí emana a dificuldade em fixá-lo como negro ou branco. Em alguma medida, ele pode vivenciar a experiência de preconceito e discriminação raciais com as quais se deparam pessoas percebidas como negras, embora também possa vivenciar experiências de privilégio racial experimentadas por pessoas percebidas como brancas, usufruindo de determinado grau de branquitude.

Todavia, em face do "embaraço" mestiço, a adoção da tendência polarizante na compreensão do fenômeno das relações raciais brasileiras não é capaz de invisibilizar totalmente a figura desse sujeito, a qual acaba emergindo nas tensões ocasionadas na trama. Portanto, a branquitude mestiça evidencia que a sociedade brasileira não se divide em dois polos raciais opostos, branco e negro, por constituir uma trama tecida por nuances e ambiguidades – narrativa naturalizada e silenciosa, que se encontra presente no dia a dia da sociedade e só pode ser detectada por olhares dispostos a perceberem a realidade implícita.

REFERÊNCIAS

1. CARDOSO, Lourenço. **O branco ante a rebeldia do desejo:** um estudo sobre a branquitude no Brasil. 2014. 290 f. Tese (doutorado em Ciências Sociais) – Faculdade de Ciências e Letras da Universidade Estadual Paulista Júlio de Mesquita Filho, Araraquara, 2014.
2. MUNANGA, Kabengele. Uma abordagem conceitual das noções de raça, racismo, identidade e etnia. In: A. A. P. Brandão. (org.). **Programa de educação sobre o negro na sociedade brasileira.** Niterói: EdUFF, 2004.
3. GENOVESE, Eugene D. **Roll, Jordan, Roll:** the world the slaves made. New York: Vintage Books, 1976.
4. WARE, Vron. Introdução: O poder duradouro da branquidade: "um problema a solucionar". In: WARE, Vron. (org.). **Branquidade:** identidade branca e multiculturalismo. Trad. Vera Ribeiro. Rio de Janeiro: Garamond, 2004.
5. HOLANDA, Sérgio Buarque de. **Raízes do Brasil.** 26. ed. São Paulo: Companhia das Letras, 2005.
6. PRADO JR., Caio. **Formação do Brasil contemporâneo:** colônia. São Paulo: Companhia das Letras, 2011.
7. FERNANDES, Florestan. **A investigação etnológica no Brasil e outros ensaios.** Petrópolis: Vozes, 1975.

8. FERNANDES, João Azevedo. **De cunhã a mameluca:** a mulher tupinambá e o nascimento do Brasil. 2. ed. João Pessoa: Editora da UFPB, 2016.
9. CUNHA, Manuela Carneiro da. **Índios no Brasil**: História, direitos e cidadania. São Paulo: Companhia das Letras, 2013.
10. RIBEIRO, Darcy. **O povo brasileiro:** a formação e o sentido do Brasil. 2. ed. São Paulo: Companhia das Letras, 1995.
11. MUNANGA, Kabengele. **Rediscutindo a mestiçagem no Brasil:** Identidade nacional *versus* identidade negra. Petrópolis: Vozes, 1999.
12. ALMEIDA, Suely Creusa Cordeiro de; SILVA, Gian Carlo de Melo. Famílias Brasilas: Pernambuco e a mestiçagem – Séculos XVI – XVIII. **CLIO**, Revista de pesquisa histórica, Pernambuco, v. 25, n. 1, p. 61-81, 2007. Disponível em: https://periodicos.ufpe.br/revistas/revistaclio/article/view/24694. Acesso em: 27 dez. 2020.
13. NÓBREGA, Manuel da. A El Rei (D. João III). In: FRANCO, Antônio. (org.). **Cartas do Brasil do Padre Manoel da Nóbrega (1549-1560).** Cartas Jesuíticas I. Rio de Janeiro: Imprensa Nacional, 1886. Disponível em: http://objdigital.bn.br/objdigital2/acervo_digital/div_obrasraras/bndigital1867/bndigital1867.pdf. Acesso em: 10 jan. 2021.
14. DIAS, Carlos A. O indígena e o invasor: a confrontação dos povos indígenas do Brasil com invasor europeu nos séculos XVI e XVII. **CLIO**, Revista de pesquisa histórica, Pernambuco, v. 10, n. 1, p.71-109, 1987. Disponível em: https://periodicos.ufpe.br/revistas/revistaclio/article/view/24589. Acesso em: 29 dez. 2020.
15. ALENCASTRO, Luiz Felipe de. **O trato dos viventes:** formação do Brasil no Atlântico Sul. São Paulo: Companhia das Letras, 2000.
16. GODOY, Silvana Alves de. Martim Afonso Tibiriçá: a nobreza indígena e seus descendentes nos campos de Piratininga no século XVI. **Recôncavo**, v. 4, n. 7, p. 191-212, jul./dez. 2014. Disponível em: https://revista.uniabeu.edu.br/index.php/reconcavo/article/view/1692/pdf_47. Acesso em: 30 nov. 2022.
17. SILVA, Eduardo; REIS, João José. **Negociação e conflito:** a resistência negra no Brasil escravista. São Paulo: Companhia das Letras, 2009.

18. BELLINI, Lígia. Por amor e por interesse: a relação senhor-escravo em cartas de alforria. In: REIS, João José (org.). **Escravidão e invenção da liberdade:** estudos sobre o negro no Brasil. Editora Brasiliense, 1988.
19. HOFBAUER, Andreas. **Uma história do branqueamento ou o negro em questão.** São Paulo: Editora UNESP, 2006.
20. LISBOA. Ley sobre os casamentos com as Indias, de 4 de abril de 1755. In: LISBOA. **Collecçaõ das leys, decretos, e alvarás, que compreende o feliz reinado del Rey fidelíssimo D. Jose o I. nosso senhor.** Desde o anno de 1750 até o de 1760, e a Pragmatica do Senhor Rey D. Joaõ o V. do anno de 1749. Tomo I. Lisboa: Na Officina de Miguel Rodrigues, 1771. Disponível em: https://digitalis-dsp.uc.pt/fddigital//UCFD-A-5-7-TOMO-1_10/UCFD-A-5-7-TOMO-1_10_item2/index.html. Acesso em: 10 jan. 2021.
21. FRANCO, Francisco Soares. **Ensaio sobre os melhoramentos de Portugal e do Brazil.** Lisboa: Impressão Regia, 1820.
22. SCHWARCZ, Lilia Moritz. **O espetáculo das raças:** cientistas, instituições e a questão racial no Brasil – 1870-1930. São Paulo: Companhia das Letras, 1993.
23. BORGES, Dain. "Inchado, feio, preguiçoso e inerte": A degeneração no pensamento social brasileiro, 1880-1940. **Rev. Teoria e Pesquisa**, São Carlos, v. 1, n. 47, p. 43-70, jul/dez 2005. Disponível em: http://www.teoriaepesquisa.ufscar.br/index.php/tp/article/viewFile/44/37. Acesso em: 15 set. 2012.
24. AZEVEDO, Aluísio. **O mulato.** 20. ed. São Paulo: Martins, 1975.
25. CHALHOUB, Sidney. **Machado de Assis, historiador.** São Paulo: Companhia das Letras, 2003.
26. GÓES, Fernando. Aluísio Azevedo e "O mulato". In: AZEVEDO, Aluísio. **O mulato.** 20. ed. São Paulo: Martins, 1975.
27. AZEVEDO, Célia Maria Marinho de. **Onda negra, medo branco:** o negro no imaginário das elites do século XIX. Rio de Janeiro: Paz e Terra, 1987.
28. SOUZA, Maria Cecília Cortez Christiano de. O medo de que os negros entrem na escola: a recusa do direito à educação no Brasil. **Revista da Associação Brasileira de Pesquisadores/as Negros/as (ABPN)**, Goiânia, v. 6, n. 12, p. 61-77, nov. 2013 - fev. 2014. Disponível em: http://www.abpnrevista.org.br/revista/index.php/revistaabpn1/article/view/177. Acesso em: 3 jan. 2014.

29. FREYRE, Gilberto. **Casa-grande & senzala:** formação da família brasileira sob o regime da economia patriarcal. 48. ed. São Paulo: Global, 2003.

30. BASTIDE, Roger; FERNANDES, Florestan. **Brancos e negros em São Paulo:** ensaio sociológico sobre aspectos da formação, manifestações atuais e efeitos do preconceito de cor na sociedade paulistana. 2. ed. São Paulo: Companhia Editora Nacional, 1959.

31. FERNANDES, Florestan. **O negro no mundo dos brancos.** São Paulo: Difusão Europeia do Livro, 1972.

32. HARRIS, Marvin D. Racial identity in Brazil. **Luso-Brazilian Review**, Madison, v. 1, n. 2, p. 21-28, winter, 1964.

33. HARRIS, Marvin D. Referential ambiguity in the calculus of Brazilian racial identity. **Southwestern Journal of Antropology**, New Mexico, v. 26, n.1, p. 1-14, spring, 1970.

34. HASENBALG, Carlos. **Discriminação e desigualdades raciais no Brasil.** Trad. Patrick Burglin. 2. ed. Belo Horizonte: Editora UFMG, 2005.

35. VALLE SILVA, Nelson do. Uma nota sobre "raça social" no Brasil. In: HASENBALG, Carlos; VALLE SILVA, Nelson do; LIMA, Márcia (orgs.). **Cor e estratificação social.** Rio de Janeiro: Contra Capa Livraria, 1999.

36. VALLE SILVA, Nelson do; HASENBALG, Carlos. **Relações raciais no Brasil contemporâneo.** Rio de Janeiro: Rio Fundo, 1992.

37. FERNANDES, Florestan. Antecedentes indígenas: organização social das tribos tupis. In: HOLANDA, Sérgio Buarque de (org.). **História Geral da Civilização Brasileira.** Rio de Janeiro, Difel, vol. 1, 1976, p. 72-86.

38. MUNANGA, Kabengele; GOMES, Nilma Lino. **O negro no Brasil de hoje.** São Paulo: Global, 2006.

39. DUARTE, Evandro Charles Piza; QUEIROZ, Marcos Vinícius Lustosa. A revolução haitiana e o Atlântico Negro: o constitucionalismo em face do lado oculto da modernidade. **Rev. PUC Direito, Estado e Sociedade**, Rio de Janeiro, n. 49, p. 10-42, jul-dez 2016. Disponível em: http://direito estadosociedade.jur.puc-rio.br/media/Direito%2049_artigo% 201.pdf. Acesso em: 12 nov. 2018.

40. NASCIMENTO, Washington Santos. Além do medo: a construção de imagens sobre a revolução haitiana no Brasil escravista (1791-1840). **Especiaria: Cadernos de Ciências Humanas,** Ilhéus, v. 10, n. 18, p. 469-488, jul-dez 2007. Disponível em: http://periodicos.uesc.br/index.php/especiaria/article/view/771. Acesso em: 18 nov. 2018.
41. CONVERSE, Philip E.; McDONOUGH, Peter J.; SOUZA, Amaury G.; COHEN, Youssef. **Representation and Development in Brazil,** 1972-1973. Inter-university Consortium for Political and Social Research [distributor], 2006-01-18. Disponível em: https://www.icpsr.umich.edu/web/ICPSR/studies/7712. Acesso em: 22 jan. 2021.
42. HOETINK, Harmannus. **Slavery and race relations in the Americas:** an inquiry into their nature and nexus. New York: Harper & Row, 1973.
43. FRANKENBERG, Ruth. **White woman, race matters:** the social construction of whiteness. London: Routledge, 1993.
44. CARONE, Iray; BENTO, Maria Aparecida Silva (orgs.). **Psicologia social do racismo:** estudos sobre branquitude e branqueamento no Brasil. Petrópolis: Vozes, 2002.
45. ROEDIGER, David. **The wages of whiteness:** race and the making of the American working class. London: Verso, 1991.
46. ALLEN, Theodore William. **The invention of the white race:** the origin of racial oppression in Anglo-America. Vol. 2. 2. ed. London: Verso, 2012.
47. FRANKENBERG, Ruth. A miragem de uma branquidade não marcada. In: WARE, Vron (org). **Branquidade:** identidade branca e multiculturalismo. Trad. Vera Ribeiro. Rio de Janeiro: Garamond, 2004.
48. McLAREN, Peter. Whiteness is... the struggle for postcolonial hybridity. In: KINCHELOE, Joe L. et al. (org.). **White reign:** deploying whiteness in America. New York: St. Martin's Griffin, 1998.
49. GUERREIRO RAMOS, Alberto. **Introdução crítica à sociologia brasileira**. Rio de Janeiro: Editora UFRJ, 1995.
50. CARVALHO, José Jorge de. Racismo fenotípico e estéticas de segunda pele. **Revista Cinética,** Edição Especial Estéticas da Biopolítica, Programa Cultura e Pensamento do Ministério da Cultura, fev. 2008. Disponível em: http://www.revistacinetica.com.br/cep/jose_jorge.pdf. Acesso em: 2 set. 2012.

51. SCHUCMAN, Lia Vainer. Entre o "encardido", o "branco" e o "branquíssimo": Raça, hierarquia e poder na construção da branquitude paulistana. 2012. 160 f. Tese (doutorado em Psicologia) – Instituto de Psicologia da Universidade de São Paulo, São Paulo, 2012.
52. McINTOSH, Peggy. White Privilege: Unpacking the Invisible Knapsack. **Peace and Freedom**, July/August, 1989. Disponível em: http://wh.agh.edu.pl/other/materialy/663_2014_03_04_15_03_55_WhitePrivilegeUnpackingtheInvisibleKnapsack.pdf. Acesso em: 28 maio 2014.
53. BASTOS, Janaína Ribeiro Bueno. Da história, das subjetividades, dos negros com quem ando: um estudo sobre professores brancos envolvidos com a educação das relações étnico-raciais. 2015. 168 f. Dissertação (mestrado em Educação) – Faculdade de Educação da Universidade de São Paulo, São Paulo, 2015.
54. PIZA, Edith. Porta de vidro: Entrada para a branquitude. In: CARONE, I.; BENTO, M. A. S. (orgs.). **Psicologia social do racismo:** estudos sobre branquitude e branqueamento no Brasil. Petrópolis: Vozes, 2002.
55. BENTO, Maria Aparecida Silva. Pactos narcísicos no racismo: branquitude e poder nas organizações empresariais e no poder público. 2002. 169 f. Tese (doutorado em Psicologia) – Instituto de Psicologia da Universidade de São Paulo, São Paulo, 2002.
56. BRYLOWSKI, Laura Rose. Como a teoria da branquitude influenciou pesquisadoras brancas entre 2012 e 2016. 2018. 91 f. Dissertação (mestrado em Relações Étnico-Raciais) – Centro Federal de Educação Tecnológica Celso Suckow da Fonseca, Rio de Janeiro, 2018.
57. NOGUEIRA, Oracy. Preconceito racial de marca e preconceito racial de origem: Sugestão de um quadro de referência para a interpretação do material sobre relações raciais no Brasil. São Paulo: **Revista Tempo Social**, São Paulo, v. 19, n. 1, 2007. Disponível em: http://www.scielo.br/scielo.php?script=sci_arttext&pid=S0103-20702007000100015. Acesso em: 27 maio 2018.
58. NOGUEIRA, Oracy. **Tanto preto quanto branco:** estudos de relações raciais. São Paulo: T. A. Queiroz, 1985.

59. LOPES, Joyce Souza. Quase negra tanto quanto quase branca: autoetnografia de uma posicionalidade racial nos entremeios. In: MULLER, Tânia Mara Pedroso; CARDOSO, Lourenço (orgs.). **Branquitude:** estudos sobre a identidade branca no Brasil. Curitiba: Appris, 2017.

60. MUNANGA, Kabengele. A difícil tarefa de definir quem é negro no Brasil. **Estud. av.**, São Paulo, v. 18, n. 50, p. 51-66, Abr. 2004b. Disponível em: http://www.scielo.br/scielo.php?script=sci_arttext&pid=S0103401420040001 00005&lng=en&nrm=iso. Acesso em: 22 out. 2018.

61. SOVIK, Liv. **Aqui ninguém é branco.** Rio de Janeiro: Aeroplano, 2009.

62. SOVIK, Liv. Aqui ninguém é branco: Hegemonia branca e *média* no Brasil. In: WARE, Vron (org.). **Branquidade:** identidade branca e multiculturalismo. Trad. Vera Ribeiro. Rio de Janeiro: Garamond, 2004.

63. BENTO, Maria Aparecida da Silva. Branqueamento e branquitude no Brasil. In: CARONE, Iray; BENTO, Maria Aparecida Silva (orgs.). **Psicologia social do racismo:** estudos sobre branquitude e branqueamento no Brasil. Petrópolis: Vozes, 2002.

64. CARDOSO, Lourenço. O branco não branco e o branco-branco. In: MULLER, Tânia Mara Pedroso; CARDOSO, Lourenço (orgs.). **Branquitude:** estudos sobre a identidade branca no Brasil. Curitiba: Appris, 2017.

65. SANSONE, Lívio. Nem somente preto ou negro: o sistema de classificação racial no Brasil que muda. **Afro-Ásia**, n. 18, p. 165-187, 1996.

66. PIZA, Edith. Adolescência e racismo: uma breve reflexão. In: SIMPÓSIO INTERNACIONAL DO ADOLESCENTE, 1., 2005, São Paulo. **Proceedings online...** Disponível em: http://www.proceedings.scielo.br/scielo.php?script=sci_arttext&pid=MSC0000000082005000100022&lng=en&nrm=abn. Acesso em: 5 mar. 2020.

67. CARDOSO, Lourenço. O branco-objeto: O movimento negro situando a branquitude. Instrumento: **R. Est. Pesq. Educ.** Juiz de Fora, v.13, n.1, p. 81-93, jan./jun.2011. Disponível em: https://instrumento.ufjf.emnuvens.com.br/revistainstrumento/article/view/1176/954. Acesso em: 12 maio 2013.

68. PASSOS, Ana Helena Ithamar. Um estudo sobre branquitude no contexto de reconfiguração das relações raciais no Brasil, 2003-2013. 2013. 197 f. Tese (doutorado em Serviço Social) – Departamento de Serviço Social da Pontifícia Universidade Católica do Rio de Janeiro, Rio de Janeiro, 2013.
69. MULLER, Tânia Mara Pedroso; CARDOSO, Lourenço (orgs.). **Branquitude:** estudos sobre a identidade branca no Brasil. Curitiba: Appris, 2017.
70. BASTOS, Janaína Ribeiro Bueno. Na trama da branquitude mestiça: a formação de professores à luz do letramento racial e os meandros da branquitude brasileira. 2021. 274 f. Dissertação (doutorado em Educação) – Faculdade de Educação da Universidade de São Paulo, São Paulo, 2021.
71. PIZA, Edith; ROSENBERG, Fúlvia. Cor nos censos brasileiros. **Revista USP**, São Paulo, n. 40, p. 122-137, dez./jan. 1999.
72. INSTITUTO BRASILEIRO DE GEOGRAFIA E ESTATÍSTICA. **Retratos: a revista do IBGE. N. 11, maio 2018.** Instituto Brasileiro de Geografia e Estatística: Rio de Janeiro, 2018.
73. AMARAL, Mônica Guimarães Teixeira do. **O que o rap diz e a escola contradiz:** um estudo sobre a arte de rua e a formação da juventude na periferia de São Paulo. São Paulo: Alameda Casa Editorial, 2016.